Let's!!
からだ探検隊

～障がい児・者のための性に関する
対人関係教育プログラム～

監修：長崎大学名誉教授　宮原春美

著者：宮原春美／社会福祉法人 南高愛隣会　からだ探検隊実行委員会

はじめに

ノーマライゼーションの理念の浸透と共に、障がい児・者の性（セクシュアリティ）を人権としてとらえる様になってきましたが、実際には十分な対応がなされているとは言い難い現状があります。

障がい児・者のセクシュアリティについては多くの報告で「障がいがある」にせよ「障がいがない」にせよ、あらゆる人に生まれつき与えられていると述べられており、性発達、性行動に個人差はありながらも、生理的レベルから心理的レベル、社会的レベルと階層的に発達するものと考えます。

＊

筆者は1999年から夏休み期間中に公募で集まった小学生を対象とした「からだ探検隊」という性教育講座をスタートさせました。この講座は大人になるからだや心について、ゲーム感覚で楽しく学習し、「また来年も講座を受けたい」といった声が良くきかれ、約20年間継続していました。

＊

この講座を続ける一方で、精神科児童思春期外来で性的問題行動があった発達障がいや知的障がいのお子さんへの看護面接を担当しておりました。その中で彼らの性的問題行動は知識がないために起こっていることが明らかになり、学校教育の中で学んでいてもその子どもの特性に合わせた学び方をしていないのではないかと考えるようになりました。

そのため定型発達児の「からだ探検隊」のプログラムをさらに時間をかけて丁寧にやることで、発達障がい、知的障がいの子どもさんへも応用可能ではないかと考え、グループ学習として障がい児用「からだ探検隊2号・3号」をスタートさせました。ここでは視覚的教材を多く用いて、自分の体の変化について予測を持たせること、保護者も一緒に学び、繰り返して教えることに重点をおきました。

その後、このような講座は子どもたちだけでなく、青年期の若者に対しても必要ではないかと考えておられた長崎能力開発センターの方との出会いがあり、青年期まで見通した「性を中心にした対人関係教育プログラム」の開発を進め、現在も実践を続けています。

＊

本書では障がい児・者のための対人関係教育プログラムの具体的な内容について、教材や必要なシナリオを提示してわかりやすくし、保護者や教育・療育・福祉的支援に携わっている方々が、誰でも、すぐにでも実践できることを目指しています。

障がいがあってもなくても、すべての人が豊かな人間関係を築いていけるようになることを心から願っています。

このワークブックが、皆様の手助けの1冊になれば幸いです。

2020年3月

執筆者を代表して
宮原春美

社会福祉法人　南高愛隣会
長崎能力開発センターでの取り組み

　当センターは、昭和62年4月に職業能力開発促進法に基づき設立された、知的障がい者・発達障がい者を対象とした職業訓練を実施する施設です。設立当初より、訓練課程を修了した修了生の実態調査（アンケート調査）を毎年実施しています。実態調査報告書は単に調査することに留めず、そこから見えるニーズや課題を当センターの訓練に反映するために実施しています。調査項目は就業面や生活面と多岐に渡りますが、その中で「修了後の初回離職時の主な理由」に関して「職場での対人関係の悪化」が上位を占めています。また、地域生活を営む中で、異性との対人関係を原因に生活リズムの乱れや就労意欲の低下、ひいては反社会的な行為等により離職するケースが増加してきました。

　また、近年の訓練生の特徴として、軽度の知的障がいにADHDや自閉性スペクトラム症などの発達障がい若しくはその傾向を重複している訓練生が全体の半数以上となってきています。その障がい特性から他者との関係性を築くことへの苦手さや、本人の意図しない事で失敗してしまうケースも少なくありません。

　当センターの特徴として全寮制での生活訓練があります。他者との寮での生活実践を通して安定した生活リズムや炊事、洗濯、掃除などの生活技能の獲得はもちろん、集団生活で必要なルールやマナーを身につける中で発生した異性間でのトラブル等に対する学習支援など、目の前の失敗や限られた知識による取り組みでした。

　しかし、10代後半から20代の青年期である訓練生にとって、恋愛や将来の結婚生活は大きな関心事であることは、障がいの有無に関わらず当然のことです。異性と望ましい関係性を築く上で必要な性や対人関係上のマナーやルールなどの正しい知識の理解と技術の習得、そして身につけたことを修了後の職業生活で活用できる実践的な力の育成が喫緊の課題でした。

　障がいのある方の性や異性との対人教育について専門的に研究されている長崎大学医学部保健学科看護学専攻　宮原春美教授のご協力の下、平成25年度当センターの若手職員を中心に「性に関する正しい知識の理解」や「性や異性との対人関係などに関する教育を行う上での留意点」等について学ぶ機会を設けていただきました。

　そして、平成26年度より、先述の性教育講座「からだ探検隊2号・3号」での実践を基に、新たに青年期版のからだ探検隊（異性との対人関係教育プログラム）の構築を目途に、訓練生をモデルに実践を積み重ねてきました。

　講座を開催する上で、使用する教具や掲

示物、ロールプレイでのシナリオ等の教材作りを宮原教授のゼミ生の皆さんと職員がディスカッションを重ね、一緒に作成することを重視してきました。それは訓練生の特性や理解度、修了後の地域での生活スタイル等に合わせて、実践の方法や内容、教材の修正など、継続的に且つ柔軟に実践を広げていくためです。

　平成26年度はゼミ生による「すてきな大人って?」(単元構成:プライベートゾーン〈場所・からだ〉、大人のマナー〈男性編・女性編〉、安心できる距離、ネットでの付き合い方)、「恋するキモチ」(単元構成:恋するキモチ、ふれあいってなんだろう)の2回の学習プログラムを実施しました。訓練生の理解度や内容に合わせて、職員による個別や小グループでの単元学習の機会を設け、繰り返しの学習を行うことで知識の定着を図ってきました。また、講座を実践する中で見えてきたこととして、寮での生活にはプライベートゾーン(自分の場所)が不足していることがあげられました。学んだ知識や技術を訓練生が活用してこそ、真の定着につながります。学習をきっかけに、プライベートタイムの仕組みを作るなど、生活訓練全体の見直しにも繋がりました。

　平成27年度は前年度の基礎的なことを踏まえて、恋愛、結婚、性交渉、妊娠と内容が深化しています。そのため、訓練生に向け「性に対する知識・経験・認識・欲求に関するアンケート調査」を実施しました。アンケートで見えてきたことを踏まえて、講座で使用する言葉や教材の内容を宮原先生、ゼミ生、職員で検討し、「すてきな大人のマナー」(構成単元:大人のマナー〈男子・女子〉、すてきはどっち、Loveのかたち、デートにいってみよう)、「大人が知っておきたいこと」(単元構成:ふれあいの段階、あかちゃんはどうやってできるの、今、妊娠しないために、セックスでうつる病気、結婚するって?)の2回の学習プログラムを実施しました。

　平成28年度には、これまでの講座開催に加えて、女性訓練生に向けた月経セルフケア等に関するマンスリーセミナーを実施しました。

　そして当センターでからだ探検隊の実践を重ねてきた職員を機軸として、法人内の他の事業所(特に就労移行支援や自立訓練など、将来の自立した生活や企業での就職を目指す方々が利用する事業所)での実践が徐々に広がってきています。また、平成29年度には当法人が運営する結婚推進室「ぶ〜け」での講座開催と、実践を重ねる中で講座の内容の充実化はもちろん、実践の場も徐々に訓練の場から地域へと広がりつつある状況です。

本書では第1章から第4章まで、発達年齢と課題に応じたプログラムを紹介しています。

プログラムの構成

第1章
「すてきな大人って?」

プライベートゾーン、男女それぞれのからだについての学習、自分の場所・みんなの場所、人との安心できる距離について、いろいろな教材やロールプレイを通して学びます。この章は基本的には学童期対象となりますが、プログラム全体の基本となるプログラムで、どんな発達年齢の人にも、最低限これだけはベースとして伝えておきたい内容と考えています。

第2章
「恋するキモチって?」

恋愛(恋するキモチ)と交際における同意の重要性についてロールプレイを通して学びます。さらに恋するキモチがあると人とふれあいたくなりますが、その段階とマナーについて学びます。またSNSを使用するときのマナーについても学びます。これらの内容は実際に目にすることが難しく、抽象的なことが多いので、ロールプレイを通して視覚的に学習します。ロールプレイのテーマとしては、身近にある話題や問題行動を取り入れながら、単にロールプレイを見るだけではなく、登場人物がどんな気持ちだったの

か、それを見て参加者はどう思ったのかを全員で共有します。

第3章
「すてきな大人のマナー」

「すてきはどっち?」で身だしなみを整えることの大切さを学びます。そして、好きな人ができたときの告白やデートに行くときのマナー、デートDV(親しい恋人同士の間に起こる身体への暴力、心への暴力、経済的暴力、性的暴力)について、ロールプレイを通して学びます。また、異性愛や同性愛、両性愛など、恋愛の多様性についても、学びます。

思春期から青年期になると恋愛に憧れます。恋愛は愛情の豊かな表現や互いの存在を理解しあって結びつきを深め、人格と人格のふれあいを伴いながら信頼し合った関係性の中で育まれていきます。そのため恋愛に伴うマナーを学び、身だしなみを整えることは、この時期の重要な学習課題といえます。

第4章
「大人が知っておきたいこと」

人との出会いがあり、恋愛、ふれあいを経験することはすてきなことです。そのためには最低限知っておきたいこととして、妊娠の仕組みや妊娠のコントロール(避妊)、性感染症の予防を学びます。また、結婚についても単に憧れだけではなく、結婚生活の具体的なイメージができるような学びが必要と考えます。

本書の活用方法

できれば第1章から順番に学習を積み上げて欲しいのですが、すべての内容を実践することが難しい場合、どの発達年齢においても、第1章をベースにして学習内容を検討して欲しいと思います。そして一つ一つのプログラムを細分化して、繰り返し伝えていくことが効果的と考えます。

学習のポイント

1. 繰り返し伝える

どんな場面でも同じことが言えますが、一度学習したからといってそれがすべて相手に伝わることは少ないと思います。また学習したのに問題行動が繰り返されることもあります。性の学習においては「寝た子を起こす」と批判を受けることがあるかもしれません。しかし、子ども達は性に関するあふれるようなメディア情報の中にさらされています。知識のない子どもは安全ではありません。大人になる自分の心と身体を肯定的に受けとめ、豊かな人間関係を築けるように、繰り返し、繰り返し伝えることが必要と考えます。

2. 障がい特性に応じた学習の方法を工夫する

障がいのある人も学校教育の中で、一通り性に関する学習はなされていると思いますが、それが障がい特性に応じた学習方法であったかどうかを考える必要があります。

本書で紹介したプログラムは視覚的教材を多用し、その色や形にもこだわりました。聴覚刺激としては、大事なキーワードをパネルにして、一緒に読むことも多く取り入れています。また単に見る、聞くだけでなく、クイズやワークショップなどの参加型学習も多く取り入れ、参加者が楽しく学習できることを目指しています。さらに性に関する学習は、抽象概念（恋愛、マナー、ルールなど）も多く、見えないことを可視化するためにロールプレイ、人形劇も行っています。

3. 禁止事項ばかりではなく、どうしたら良いのかを具体的に伝える

性に関する問題行動があった場合、その行動を禁止するだけでなく、何が良くなかったのか、どうすれば良かったのかを具体的に提案することが重要と考えます。

4. 関わる大人がしっかりと学ぶ

関わる大人が障がい児・者の性に関して、どのような認識を持っているのかが問われます。

「性」は人々の生活を豊かにするものと思います。障がいがあってもなくても、自分の身体を肯定的に捉え、豊かな人間関係が築けるように、私達が学び続ける必要があります。

目次

第 ①章
すてきな大人って？

第 ②章
恋するキモチって？

第 ③ 章

すてきな大人のマナー

目次

第4章　大人が知っておきたいこと

第1章

すてきな大人って?

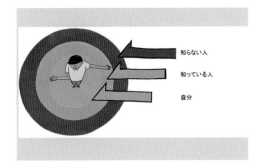

全体のねらい

プログラム全体の基本となる章であり、
以下の内容を通して第2章以降につなげる

- 男性・女性のからだについて説明をし、性器の名称(俗称ではなく大人の言葉として教える)、からだの大切さの理解を図る
- 男性・女性それぞれの、"大人になるからだ(体の内側と外側で起こる変化)"について理解し、大人としてのマナーの習得を図る
- 文字やパネルを用いて、場面・場所にふさわしい行動について理解を図る
- 人とのほどよい距離感を学び、相手や場面に応じた距離感で行動できるように理解を図る

学習の進め方

はじめの会
1. プライベートゾーン
2. からだの学習
3. 自分の場所、みんなの場所
4. 安心できる距離
5. ロールプレイ
おわりの会

教材

教材	作り方（素材、大きさ）

すてきな大人って？

プログラム

はじめの会
1. プライベートゾーン
2. からだの学習
3. 自分の場所、みんなの場所
4. 安心できる距離
5. ロールプレイ
おわりの会

【大きさ】
模造紙
（縦約110cm×横約80cm）

【素材】
模造紙

【留意点】
・プログラム進行の妨げにならないよう掲示し、全体の流れが視覚的にわかるようにしておく

プライベートゾーン 1

● 「からだモデル」パネル

 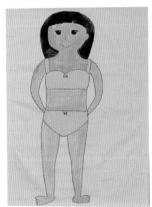

【大きさ】
模造紙
（縦約110cm×横約80cm）

【素材】
模造紙、マグネットシート

● 洋服パネル

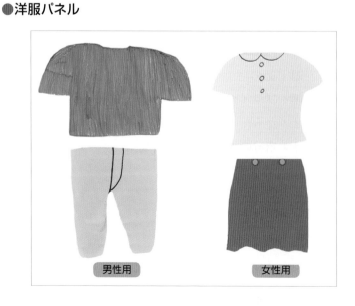

男性用　　　　　女性用

【大きさ】
「からだモデル」に
合った大きさ

【素材】
色画用紙、マグネットシート

プライベートゾーン

| 教材 | 作り方（素材、大きさ） |

着衣後

● 「名称」パネル

プライベート ゾーン	性器（せいき）
ワギナ	乳房（にゅうぼう）
ペニス	肛門（こうもん）

【大きさ】
B4
（縦約26cm×横約36cm）
または
A3
（縦約30cm×横約42cm）
※参加者の見やすい大きさ

【素材】
色画用紙、マグネットシート

【留意点】
・蛍光色や原色など視覚的な刺激が強い色は避ける
・「性器」である「ワギナ」「乳房」「ペニス」はパネルの色を統一する
・「肛門」は「性器」と異なるパネルの色を使用する

【留意点】
・パネルを掲示する際、モデルが隠れないようにする

掲示例

プライベート ゾーン

性器（せいき）　乳房（にゅうぼう）

ペニス　肛門（こうもん）　ワギナ

| 1 | 教材 | 作り方（素材、大きさ） |

<table>
<tr><td rowspan="2">1
プライベートゾーン</td><td>教材</td><td>作り方（素材、大きさ）</td></tr>
</table>

1　プライベートゾーン

教材

● 「プライベートゾーン約束」パネル

| じぶん
自分だけの
たいせつ
大切なところ | いつも
きれいに
しておくところ |
| ひと　み
人に見せたり、
ひと　み
人から見られたり
しないところ | ひと　さわ
人を触ったり、
ひと　さわ
人から触られたり
しないところ |

作り方（素材、大きさ）

【大きさ】
B4
（縦約26cm×横約36cm）
または
A3
（縦約30cm×横約42cm）
※参加者の見やすい大きさ

【素材】
色画用紙、マグネットシート

【留意点】
・「約束」に関するパネル
　は全章で色を統一する
　（本テキストではオレンジ
　で統一）

2　からだの学習

● 男性用「学習」パネル

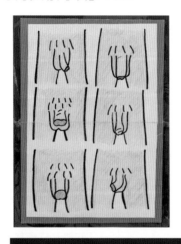

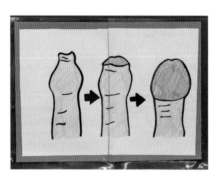

| おお　　　　かたち
大きさも 形も
ひと
人それぞれ | だんだんむけ
るようになる |

【大きさ】
B3
（約36cm×約52cm）
※参加者の見やすい大きさ

【素材】
画用紙、色画用紙、マグネット
シート

【留意点】
・性器の太さ、長さ、色、曲が
　り方、亀頭の露出の有無
　など多様な性器を表す

【大きさ】
B4
（縦約26cm×横約36cm）
※参加者の見やすい大きさ

【素材】
画用紙、色画用紙、マグネット
シート

掲示例

| て　やさ　ほうひ　にぎ
手で優しく包皮を握
るようにしましょう。
むり　ほうひ
無理に包皮を
むかないで、毎日
すこ
少しずつむくように
しましょう。
かなら　ほうひ
必ず、包皮はもとに
もどすこと。 | |

【大きさ】
B3
（縦約52cm×横約36cm）
※参加者の見やすい大きさ

【素材】
画用紙、色画用紙、マグネット
シート

2 からだの学習

| 教材 | 作り方（素材、大きさ） |

●「性器の洗い方」パネル

① つめを切って手を洗います。

② ゆっくりと包皮をおろします。

③ 手でせっけんを泡立てやさしく洗います。

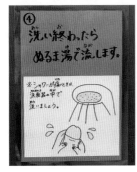
④ 洗い終わったらぬるま湯で流します。

⑤ 包皮をもとにもどします。

【大きさ】
B4
（縦約36cm×横約26cm）
または
A3
（縦約42cm×横約30cm）
※参加者の見やすい大きさ

【素材】
色画用紙、マグネットシート

掲示例

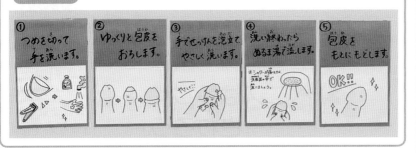

【留意点】
・手順の流れがわかりやすいよう、左から右（上から下）へ一列で掲示することが望ましい

●使用教材:ペニスモデル

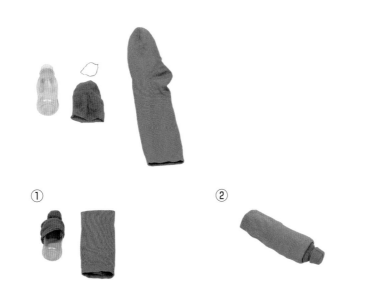

【素材】
靴下12cm（肌色）
ストッキング（肌色）
100mlのペットボトル
輪ゴム
※参加人数分作成する

作り方
①100mlのペットボトルにストッキングをかぶせ、キャップの部分を輪ゴムでとめる
　※キャップが透ける場合は、ストッキングを重ねる
②靴下を半分裏返し、ペットボトルの底からかぶせる

教材	作り方（素材、大きさ）

●「射精」パネル

射精
しゃせい

夢精
むせい

マスターベーション

【大きさ】
B4
（縦約26cm×横約36cm）
または
A3
（縦約30cm×横約42cm）
※参加者の見やすい大きさ

【素材】
色画用紙、マグネットシート

【留意点】
・「夢精」と「マスターベーション」のパネルは同色にする

●「マスターベーションのマナー」パネル

マスターベーションのマナー

爪を短く切って手を洗おう
つめ みじか き て あら

ペニスは優しくさわろう
やさ

『自分の場所』でしよう
じぶん ばしょ

後始末もしっかりしよう
あとしまつ

【大きさ】
B4
（縦約26cm×横約36cm）
または
A3
（縦約30cm×横約42cm）
※参加者の見やすい大きさ

【素材】
色画用紙、マグネットシート

【留意点】
・「マナー」に関するパネルは全章で色を統一する（本テキストでは黄色で統一）

掲示例

| 2 | 教材 | 作り方（素材、大きさ） |

2 からだの学習

● 女性用「学習」パネル

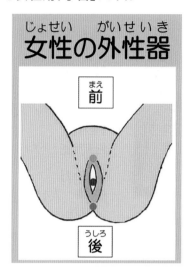

女性の外性器

【大きさ】
B3
（縦約52cm×横約36cm）
※参加者の見やすい大きさ
【素材】
色画用紙、マグネットシート

 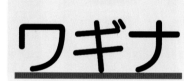

尿道口　ワギナ

肛門

【大きさ】
B4
（縦約26cm×横約36cm）
または
A3
（縦約30cm×横約42cm）
※参加者の見やすい大きさ
【素材】
色画用紙、マグネットシート
【留意点】
・外性器の絵の印と、パネルのアンダーラインの色を対応させる
・「尿道口」と「ワギナ」のパネルは「1.プライベートゾーン」で示した「性器」のパネルと色を統一する
・「肛門」も同様にパネルの色を統一する

月経

【大きさ】
B4
（縦約26cm×横約36cm）
または
A3
（縦約30cm×横約42cm）
※参加者の見やすい大きさ
【素材】
色画用紙、マグネットシート

| 教材 | 作り方(素材、大きさ) |

●「ケア方法」パネル

①用意するもの
- 生理用ショーツ
- ナプキン

②ナプキンを開きます

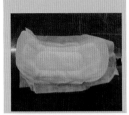

③パンツにつけます

④これで完了!!

⑤使ったナプキンは…

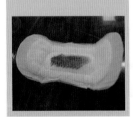

⑥中身が見えないように包みます

⑦包みおわったら…

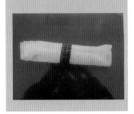

⑧トイレットペーパーに包んで

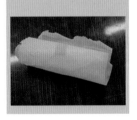

⑨ゴミ箱へポイッ!

●使用教材:セルフケア用品

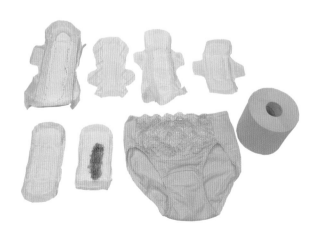

【大きさ】
B4
(縦約36cm×横約26cm)
または
A3
(縦約42cm×横約30cm)
※参加者の見やすい大きさ

【素材】
色画用紙、マグネットシート

【留意点】
・写真、またはイラストにて工程を示す
・手順の流れがわかりやすいよう、左から右、上から下へ並べて掲示することが望ましい

・生理用下着
・ナプキン(様々な種類)
・トイレットペーパー

【留意点】
・デモンストレーションで使用するため、赤マジックなどで「使用済みナプキン」をつくる

2　からだの学習

●「からだモデル」パネル/洋服パネル

 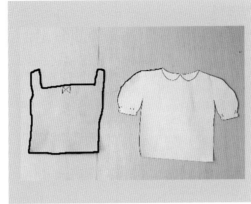

3　自分の場所、みんなの場所

●「場所の定義(みんなの場所)」パネル

みんなの場所

自分以外の人も いるところ	家族・友達・ 他の人も いるところ
みんなが 出たり入ったり するところ	着替えては いけないところ
下着を脱いでは いけないところ	性器を触っては いけないところ

作り方(素材、大きさ)

からだモデル(女性)
プライベートゾーンの「からだ
モデル」活用
【留意点】
・下着の色を濃くする

洋服パネル
【大きさ】
からだモデルに合わせる
【素材】
色画用紙、マグネットシート
【留意点】
・ブラウスは下着が透けるよ
　うな素材でつくる

【大きさ】
B4
(縦約26cm×横約36cm)
または
A3
(縦約30cm×横約42cm)
※参加者の見やすい大きさ
【素材】
色画用紙、マグネットシート
【留意点】
・「みんなの場所」はブルー、
　「自分の場所」はピンクと
　いうようにパネルの色を分
　ける
・蛍光色や原色など視覚的
　に刺激が強い色は避ける

教材	作り方（素材、大きさ）

【留意点】
・左列に「場所の環境」右列に「してはいけないこと」を掲示する

掲示例

みんなの場所

自分以外の人も いるところ	着替えては いけないところ
家族・友達・ 他の人も いるところ	下着を脱いでは いけないところ
みんなが 出たり入ったり するところ	性器を触っては いけないところ

●「場所の定義（自分の場所）」パネル

自分の場所

自分だけの
ところ

人が
出たり入ったり
しないところ

着替えて
いいところ

下着を脱いで
いいところ

性器を触って
いいところ

【大きさ】
B4
（縦約26cm×横約36cm）
または
A3
（縦約30cm×横約42cm）
※参加者の見やすい大きさ

【素材】
色画用紙、マグネットシート

【留意点】
・蛍光色や原色など視覚的に刺激が強い色は避ける

3

自分の場所、みんなの場所

教材

作り方（素材、大きさ）

【掲示例】

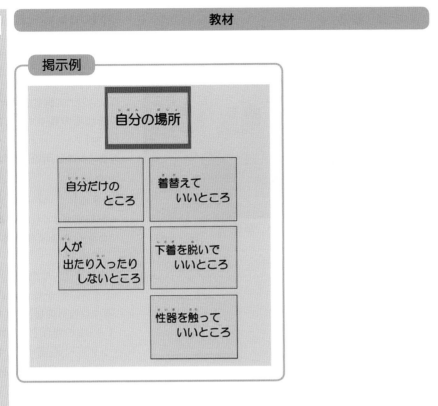

自分の場所

自分だけの ところ	着替えて いいところ
人が 出たり入ったり しないところ	下着を脱いで いいところ
	性器を触って いいところ

【留意点】
・左列に「場所の環境」右列に「してもいいこと」を掲示する

教材	作り方（素材、大きさ）

●「みんなの場所」具体例パネル

公衆トイレ（学校・職場・駅など）

店舗

公衆浴場（銭湯・温泉・寮の風呂など）

●「自分の場所」具体例パネル

トイレ（自宅）

自分の部屋

風呂場（自宅）

作り方（素材、大きさ）

【大きさ】
縦約42cm×横約60cm
※参加者の見やすい大きさ

【素材】
写真または画用紙、マグネットシート

【留意点】
・参加者がよく利用するような身近な場所を具体例として示す
・人が写り込んでいないもの
・トイレの数がわかるように写す（「自分の場所」は1個、「みんなの場所」は複数）
・シャワー、浴室イスの数がわかるように写す（「自分の場所」は1個、「みんなの場所」は複数）

<table>
<tr><td>4</td><td style="text-align:center">教材</td><td>作り方（素材、大きさ）</td></tr>
</table>

4 安心できる距離

教材	作り方（素材、大きさ）

●「サークルシート」

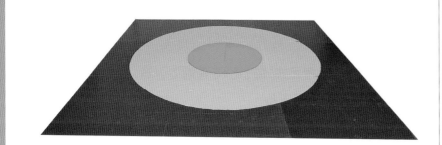

【大きさ】
子ども用
緑:直径50cm
黄:直径90cm
赤:275cm×275cm

大人用
緑:直径80cm
黄:直径180cm
赤:275cm×275cm
※対象の参加者に合わせる

【素材】
プラスチック段ボール
※色画用紙などでも可

〔作り方〕
プラスチック段ボールは耐用性に富むが、移動や収納が困難であるため、組み立てて使えるように分割して作成する
※リボンテープで輪をつくるなどの応用可

●「サークルシート定義」パネル

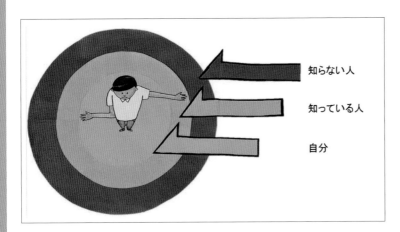

知らない人

知っている人

自分

【大きさ】
B3
（縦約36cm×横約52cm）
※参加者の見やすい大きさ

【素材】
画用紙、色画用紙、マグネットシート

【留意点】
・参加者の年齢に合わせて、以下のように定義に書き足して説明する

子ども
黄:友だち、先生、親せき
緑:家族

大人
黄:友人、職場の人、家族
緑:恋人、夫婦

プログラム

1 プライベートゾーン

> **ねらい**
> ● プライベートゾーンという概念（考え方）について理解できる
> ● プライベートゾーンの部位が理解できる

展開	内容	留意点

展開

20分

スタッフ　進行：1名　パネル：1名
（理想：男女のスタッフが同性のパネルを貼る）

Ⓐ

Ⓑ

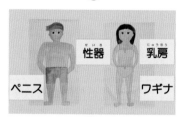

Ⓒ

Ⓓ

内容

1　プライベートゾーンについて知っているか参加者に問う

2　プライベートゾーンにはどんなものがあるか問う

3　「からだモデル」パネルを出し、名前を付けて紹介する（Ⓐ）

4　参加者に協力してもらい、「失礼します」と言って、服を脱がせ、下着の状態の絵にする（Ⓑ）

5　指示棒を使い、性器（ペニス、女性の乳房・ワギナの部分）を順番に示し、参加者に名称を問う（Ⓒ）

6　発言後、俗称ではなく「大人の言葉」として、それぞれの性器の正しい名称を伝える（Ⓒ）

7　順番にパネルを出しながら「ペニス」「乳房」「ワギナ」の名称と、この３つが「性器」ということを説明し、パネルを復唱する（Ⓒ）

8　パネルでは見えないが、背面にある部分（肛門）の名称について参加者に問う（Ⓓ）

9　パネルを出し、「肛門」の名称を説明し、復唱する
「ペニス」「乳房」「ワギナ」「肛門」をプライベートゾーンということをまとめる（Ⓓ）

留意点

▶1　本来プライベートゾーンには口も含まれるが、本プログラムでは取り上げていない

▶3　参加者と同じ年代の絵を用意する（児童期/青年期）

▶4　参加者は同性のパネルの服を脱がせる

▶4　学習に支障（極端に恥ずかしがる、茶化す、嫌悪感など）が出ないように、パネルのモデルには下着を描き込む

▶4　本来は人前で服を脱がせることはしないが、学習のために、行うことを説明する

▶5　手や指ではなく、指示棒を使って部位を示す

▶5　発言がない場合は進行以外のスタッフが名称を答える

▶6　今後のプログラムでも使用するため、名称を統一する

▶7　「名称パネル」は人物に重ならないように掲示する

▶8　発言がない場合は、進行以外のスタッフに発言を求める

展開	内容	留意点

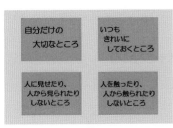

自分だけの大切なところ	いつもきれいにしておくところ
人に見せたり、人から見られたりしないところ	人を触ったり、人から触られたりしないところ

E

10　プライベートゾーンの 4 つの大切な約束についてパネルで説明する（**E**）

　　1）自分だけの大切なところ
　　　　補足：プライベートゾーンは大切なところであるため、下着をつけて守っている

　　2）いつもきれいにしておくところ
　　　　補足：きれいにしないと臭くなったり痒くなったり病気になってしまう為、きれいにする必要があるため

　　3）人に見せたり、人から見られたりしないところ

　　4）人を触ったり、人から触られたりしないところ
　　　　補足：自分だけの大切なところであるため、他の人から見られたり触られたり、人のプライベートゾーンも見たり触ったりしてはいけない

　　パネルを順番に復唱する

11　最後に下着のままの「からだモデル」にお礼を言いながら洋服を着せて「プライベートゾーン」を終了する（**A**）

> **応用編**
>
> 特殊な状況（病院の診察時、健康診断時）の解説
>
> ➡プライベートゾーンを見せることもある

▶10　パネルを出すごとに簡単に説明や補足などを入れる

▶10　声に出して言うことで記憶の定着を図る

▶11　プライベートゾーンの概念に則って、下着のままにしないで洋服まで着せて終わる

2 からだの学習

ねらい ● 男女それぞれのセルフケア（性器の清潔、月経、マスターベーション）について理解できる

展開	内容	留意点

展開

30分

※男女はそれぞれ分かれて行う

<男性編>

スタッフ

男性：1名

Ⓐ

Ⓑ

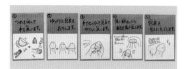

Ⓒ (P13掲示例参照)

内容

<男性編>

1　プライベートゾーンの部位や4つの大切な約束について確認する

2　男性のプライベートゾーンであるペニスを清潔にすることの大切さについて説明する

3　ペニスにはいろいろな形があることをパネルで説明する（Ⓐ）

4　ペニスの洗い方の説明、確認手順をパネルで説明する（Ⓑ、Ⓒ）

　1）爪を切って手を洗う

　2）ゆっくりと包皮をおろす

　3）せっけんで優しく洗う

　4）洗い終わったらぬるま湯で流す

　5）おろした包皮を戻す

　　➡ 包皮のむき方の説明

　　➡ ペニス模型を使って洗い方を練習する（Ⓓ）

留意点

▶1　「いつもきれいにしておくところ」から本プログラムは導入していく

▶3　形が大きかったり小さかったり、包皮がむけていたり、いなかったりしても人それぞれであり、恥ずかしがらなくてもよいことを説明する

▶4　絵を用いて、手順を視覚化する

▶4　感覚過敏の人はシャワーでなく、洗面器を使って流す

▶4　幼児・児童の場合は、包皮を無理にむかず、排泄後、尿を出し切るようにペニスの先を指でつまむことを説明する

展開	内容	留意点

内容

5　射精の方法についてパネルで説明する

夢精：寝ている時に無意識で射精をすることで、対処方法としてパンツが濡れていたら水洗いをして洗濯機に入れる

マスターベーション：ペニスを手で触り、勃起し気持ちよくなって射精すること

6　マスターベーションのマナーについてパネルで説明する（**E**）

1）爪を短く切って手を洗おう

2）ペニスは優しくさわろう

3）「自分の場所」でしよう

4）後始末もしっかりしよう

➡ティッシュは使いすぎない（5枚程度）、ティッシュはゴミ箱に捨てる

展開

D

マスターベーションのマナー

爪を短く切って手を洗おう	ペニスは優しくさわろう
『自分の場所』でしよう	後始末もしっかりしよう

E

留意点

▶5　夢精やマスターベーションは、病気や後ろめたいことではなく、自然な現象であることを説明する

▶6　マスターベーションの際、物を使ったり、床にこすりつけたりして、傷つけやすい行為に至る場合は個別に対応する

応用編

アダルトサイト見ることで得る情報の危険性や雑誌を見る際の留意点（場所、保管方法、処分の仕方）について説明する

展開	内容	留意点

<女性編>
スタッフ
女性：1名

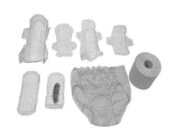

（F）

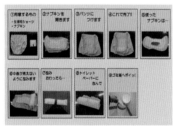

（G）

（H）

<女性編>

1　人形と絵を使って外性器の各名称（尿道口・ワギナ・肛門）をパネルで説明する（F）排泄後の拭き方を参加者に問い、正しい拭き取り方法を説明する

2　女性のからだには毎月「月経」があることをパネルで説明し、月経時の生理用品の使い方についてデモンストレーションする

　1）使用しているナプキンの種類やケアの仕方を参加者に問う（G）

　2）教材（ナプキン、生理用ショーツ）を配る

　3）ケア方法についてパネルで説明し、参加者に手順に沿って練習してもらう（H）

　4）ナプキンを替える頻度を参加者に問い、適切な頻度を説明する
　　➡多い時は１時間半〜２時間に１度
　　➡夜間は夜用ナプキンを使用することで６時間程度

3　マナー面として以下の内容について説明する
　●ナプキンはポーチ、ハンカチに包んで持ち歩く
　●白いものは避け、色の濃いズボンを履く
　●スカートを履く時は黒いスパッツなどを履く

▶1　他の人がいるところで身体のプライベートゾーンを見たり、口に出したりするのは、本来マナー違反であるが、今回は学習のために行っているということを参加者に説明する

▶1　衛生面（清潔に保つ）のために、前（尿道口）から後ろ（肛門側）に向かって拭く、または前（尿道口）と後ろ（肛門）を別々に拭くことを説明し、理解を図る

▶2　何を使っているのか、どう処理しているのか把握する

▶2　様々な種類のナプキンを用意し、それぞれの用途を確認する

▶2　スタッフが説明しながら、デモンストレーションを行う

▶2　スタッフが参加者に付き、個別に助言を行う

▶2　プライベートゾーンは「きれいにしておくところ」であるという約束に結びつけ、清潔を保つために適切な頻度で交換することを説明する

▶2　経血の量や時間帯に応じて、適当なサイズのナプキンを使用することを説明する

▶2　タンポンについては個別対応（使用時間及び種類について）

展開	内容	留意点
	4　生理痛や生理痛からくるイライラを和らげるものとして、鎮痛剤や漢方薬の使用をすることもある また、ピルは避妊薬としても用いられるが、生理痛がひどいときは治療薬として処方されることも説明する	
　❶	5　下着・肌着の着用について「からだモデル」で説明する 　1）下着（ブラジャー）を着用しているか参加者に問う 　　下着をつけていない場合、周囲からどう見えるか問う 　2）「からだモデル」で、肌着なしの状態（下着が透けている状態）を示し、どう思うか参加者に問う（❶） 　　➡体型維持や下着が見えた時の周囲の気持ちへの配慮のために、マナーとして下着や肌着を着用することを勧める	▶5　プライベートゾーンである乳房を守るため、また、透けて見えた時に周囲がどう思うか考えてもらったうえで、下着・肌着を着用する意味を説明する

3 自分の場所、みんなの場所

ねらい
- 「自分の場所」「みんなの場所」の概念について理解できる
- 「自分の場所」「みんなの場所」でのルールを理解できる

展開	内容	留意点

展開

30分
スタッフ
進行：1名
パネル：1～2名

Ⓐ

内容

1　場所には、「自分の場所」「みんなの場所」の2つがあることをパネルで説明する

2　「みんなの場所」の定義をパネルで説明する（Ⓐ）

　1）自分以外の人もいるところ
　2）家族・友達・他の人もいるところ
　3）みんなが出たり入ったりするところ
　4）着替えてはいけないところ
　5）下着を脱いではいけないところ
　6）性器を触ってはいけないところ
パネルを順番に復唱する

「みんなの場所」で思いつく場所を問い、参加者にいくつかあげてもらう
➡ 公園、教室、映画館、駅など

応用編

「エッチな話をしたり、エッチな本や動画を見てはいけないところ」であることを説明する

留意点

▶1　参加型のプログラムになるように、進行の際は、参加者に質問するなどの働きかけを行い、出た意見に対しては、否定せず、受容する

▶1　意見が出ない場合は、進行以外のスタッフが発言する

▶2　「みんなの場所」で着替えたり、下着を脱いだり、性器を触ったりすると、変態と言われたり、警察に捕まったりするため、してはいけないということの理解を図る

展開	内容	留意点

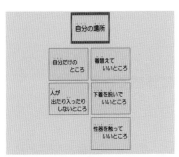

3 「自分の場所」の定義をパネルで説明する（**Ⓑ**）

1）自分だけのところ
2）人が出たり入ったりしないところ
3）着替えていいところ
4）下着を脱いでいいところ
5）性器を触っていいところ
パネルを順番に復唱する

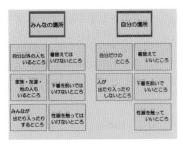

「自分の場所」で思いつく場所を問い、参加者にいくつかあげてもらう
➡ 自分の部屋、自宅のトイレなど

4 「みんなの場所」と「自分の場所」の違いについて、パネルを比べて説明する（**Ⓒ**）

5 次に写真や絵を用いて、「自分の場所」、「みんなの場所」についてクイズ形式で学習を進めていく（**Ⓓ**）
※ 10問〜15問程度

▶5 参加者がわかりやすい身近な場所からクイズを出していく（駅や近くの公園など）

▶5 「自分の場所」が、「みんなの場所」に比べ極端に少ないため意識的に写真を増やしたり、クイズの出題順を工夫する

応用編

特殊な場所（公衆トイレ、更衣室、公衆浴場など）の解説
➡ 「みんなの場所」であるが、更衣をすることもある、洗うために性器を触ることがある

▶応用編 実施回数を重ねるにつれ、特殊な場所（公衆トイレ、更衣室、公衆浴場）を追加していく

4 安心できる距離

ねらい
- 人との適切な距離のとり方について理解できる
- サークルシートを用いて人との適切な距離のとり方について体感できる

展開	内容	留意点
30分 スタッフ 進行：1名 補助：2〜3名	1 参加者に人と話をする時に相手が近くてびっくりしたこと、またはさせたことがあるか問う 人には安心できる距離があるということにつなげていく	▶1 本プログラムは、人との距離を固定するものではなく、それぞれの「安心できる距離」を尊重し、よりよい人間関係を築くためのものとする
	2 スタッフがデモンストレーションし、その後、参加者が行う 1）2人組みになり向き合う 2）お互いに大股2歩分離れて30秒ほど会話をする 会話をしてみてどうだったか、参加者に感想を問う 3）お互いにつま先がつく距離まで近づき30秒ほど会話をする 会話をしてみてどうだったか、参加者に感想を問う 4）話しやすい距離感を考え、参加者に実践してもらう	▶2 距離感について体感での理解が難しい人にはスタッフがフォローにつくなど配慮する ▶2 声の大きさ、聞きとりにくさを体感することが目的 ▶2 参加者に気づきを促すため、スタッフが発言しても良い ▶2 近すぎて、圧迫感、気まずさ、話しづらさ…など会話のしづらさを体感することが目的 ▶2 参加者が考えた後に、基本的な距離を提示 正面：腕1本分、握手が出来る距離 横並び：からだに肘をつけ、横に伸ばした肘から指先までの距離
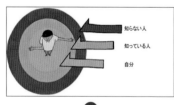 Ⓐ  Ⓑ	3 サークルシートのパネルで、それぞれの色の意味や関係性を説明する（Ⓐ） 色の意味については「信号機の色」を用いて説明する （緑：安全　赤：危険　黄色：中間） サークルシートの中心にスタッフが1人立ち、各色の距離について、以下のように手を広げて説明する（Ⓑ） 緑：両肘をからだにつけ、肘から先を横	▶3 サークルの対象者は子ども/大人で各色の大きさやその色に入る関係性も異なる 大人用 <u>緑：直径80cm</u> 自分だけ（恋人・夫婦）の距離（子どもの場合は、家族が入ることもある） <u>黄：直径180cm</u> 友人・家族・職場の人との距離（子どもの場合は先生、親せきの人、友だちが入る） <u>赤：直径180cm以上</u> 知らない人、初対面の人との距離

展開	内容	留意点

C

D

E

に広げた距離

黄：両手を横に広げた距離

赤：両手を横に広げた距離の外側

4　安心できる距離について、デモンストレーションする

　1）同性のスタッフでサークルの外から中心へ近づき、サークル中心のスタッフが違和感があるところで「ストップ」と言う（**C**）

　2）異性のスタッフで同様に行う（**D**）中心のスタッフを入れ替え同様に行う（**E**）

　3）知らない（という設定のスタッフ）相手は、赤のサークルのところで「ストップ」と言う

それぞれ距離のとり方に差があったことの気づきを促す

まとめとして、異性か同性か、また、関係性（親密さ、関わる時間の長さ）によって、距離のとり方は人それぞれ違ってくることを説明する

参加者同士、一組あたり 2 ～ 3 分で、数組行う

5　相手が自分にとって安心できない距離に入ってきたときの対処法を説明する

　● イヤと言う

　● 自分から距離をとる

　● 信頼できる人に相談する

▶4　関係性を表すネームプレート（恋人、友人、先生など）をつけて、関係性を可視化する

▶4　気づきを促すため意図的に関係性によって距離のとり方をはっきり示す

▶4　近づく時はゆっくりとお互い顔を見合わせて距離を測ること（下を向いたまま会話をすることは少ないため）

▶4　参加人数に応じて時間調整する

▶5　相手への「ストップ」の伝え方もトラブルにならないような言い方を説明する

▶5　距離を意識しすぎて、仕事や生活に支障がないように補足を行う（仕事や生活場面によっては例外がある）

応用編（3回目以降や個別で行う場合）

場面設定を変える

　➡ 正面だけではなく、横や後ろなどいろいろな方向で行う

　➡ サークルシートがない状況で確認をする

5 ロールプレイ

展開	内容	留意点

30分

スタッフ
ナレーション：1名
ロールプレイ：2名

1　ロールプレイを見て、第1章の内容を確認する

> ロールプレイのシナリオ参照（P33〜37）
> ケース①　匂いを嗅ぎ、髪を触る
> ケース②　極端に近づく
> ケース③　距離を意識しながら会話をする
> ケース④　着替える場所を考える

※各章においてもロールプレイ終了後、内容はフィクションであり、演じたスタッフの実際の行動や考え方とは違うことを説明する

▶1　ロールプレイの前に、登場人物の誰の行動に着目するか伝える
ロールプレイ後、その行動が良かったか悪かったか、またその理由を問う

▶1　他者の気持ちの理解を促すために、演じた人になぜそのような行動をとったか、されてどう思ったかインタビューする

▶1　参加者にとって身近な事例をもとにシナリオを作成する

▶1　悪い例だけではなく、良い例も入れる

シナリオ

匂いを嗅ぎ、髪を触る
場面：男性 A がバスの中で前に座った女性 B の匂いを嗅ぎ、髪を触る

ナ …ナレーション　A …男性　B …女性

ナ 「今からやるロールプレイでは、A さんの行動に注目してください。ここは、バスの中です。A さんは、バスで本屋に出かけるようです。」

A 「今日の買い物楽しみにしてたんだよね～。何買おうかな～。」

B （歩いて来て、A の前に座る）

A 「あ、女の人が座った。きれいな髪だな～。なんかいい匂いがする。もっと近づいてちょっと嗅いでみよう。」（くんくん）

B （後ろを嫌そうに見る）

A 「髪がさらさらしてる。気持ちよさそうだ

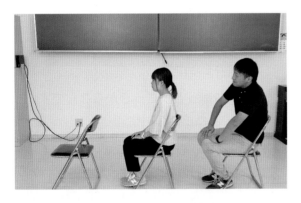

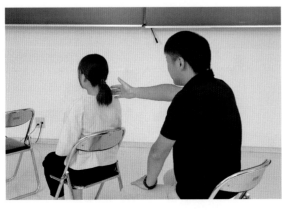

な～、触ってみようかな。」（ためらいながらも髪に触る）

B 「きゃーー！！ちょっと！！何するんですか！変態！！すみません、誰か警察を呼んで下さい！！」

A 「え！やばい！」

ナ 「はい、ありがとうございました。今の A さんの行動は○でしょうか、×でしょうか？」（○の人、×の人それぞれに理由を問う）
「それでは A さんにインタビューしたいと思います。どうして女の人の髪を触ったんですか？」

A 「髪がきれいで、いい匂いがしたから、触りたくなりました。少しならいいかな、と思って。髪を触ったらびっくりされて、警察を呼ばれて "やばい！" と思いました。」

ナ 「そうなんですね。女性にも聞いてみます。どう思いましたか？」

B 「いきなり髪を触られてびっくりしました。"気持ち悪い、変態" と思いました。こんなことをされたので、次からバスに乗るのが怖くなりました。」

ナ 「そうですよね。今の A さんの行動は×です。突然髪を触られたり、匂いを嗅がれたりするとびっくりするし、嫌な気持ちになりますよね。女性は知らない人に髪を触られて、びっくりして怖いと思ったそうですよ。安心できる距離で学習した緑の部分は自分だけの場所でしたよね？」

A 「そうか。びっくりさせたり、怖い思いをさせてしまったんですね。次からはもうしません。ごめんなさい。」

ナ 「髪の毛だけでなく、他のからだの部分を触っても、同じような気持ちになってしまいます。特にプライベートゾーンには絶対に触ってはいけません。」

ポイント

- においを嗅ぐために近づく（サークルシートの緑の部分に入る）のはいけないことと知る
- 知らない人、異性のからだに触れる行為はいけないことを知る
- 知らない人のからだを触る、必要以上に近づくと、相手は不快に思う
- サークルシートの緑の部分に勝手に入ってはいけない

ケース 2 極端に近づく

場面：男性 C がバスの中で他に席が空いているが、女性 D の近くに座る

ナ …ナレーション　C …男性　D …女性

ナ 「今からやるロールプレイでは、C さんの行動に注目してください。ここはバス停です。仕事が終わった C さんはバスを待っているようです。」

D 「今日はいい天気だな。昼からの作業は暑くなりそうだな〜。」

C 「やっと仕事終わった。バスまだかな。あ、きたきた。あ、あの女の人いつも一緒になる人だ。仲良くなるために近くに座ろう。」（D のとなりに座る）

D （嫌そうな顔をして、他の席に離れる）

C 「あれ、向こうに移動した。」（またとなりに座りに行く）

D （嫌そうな顔をして、少し離れる）

C 「さっきからスマホで何見てるんだろう？」（のぞきこむ）

D 「ちょっと！さっきからなんですか？やめてください。」

ナ 「はい、ありがとうございました。今の C さんの行動は○でしょうか、×でしょうか？」（○の人、×の人それぞれに理由を問う）

「それでは C さんにインタビューしたいと

思います。C さん、女性のとなりに座って
いましたね。どうしてですか？」

C 「女性のことが気になったので、仲良くなり
たいなと思って。どれくらい近づいたら気
づくかなと思って近づきました。」

ナ 「そうなんですね。女性はどうですか？」

D 「他にも席が空いているのに知らない人がわ
ざわざとなりに座ってくるし、移動しても
付いてきて怖いなと思いました。スマホも
勝手にのぞかれてとても嫌でした。」

ナ 「これを聞いて C さんどうですか？」

C 「そうか、僕は仲良くなれたらいいなって思っ
てたけど、嫌な気持ちにさせてたのか。ごめ
んなさい。」

ナ 「そうですね。今の C さんの行動は×です。
今日は安心できる距離について学習しまし
たね。仲良くなるために近づくことは逆に
相手を怖がらせてしまうことになります。
距離をとる、身体を反らせるなど、相手が
「安心できない」というサインを出したら、
少し距離をとりましょう。」

ポイント

● 仲良くなるために近づく（緑のサークルに入る）ことは、相手に嫌な想いをさせてしま
うことになる
● 相手のサイン（距離をとる、身体を反らせる、表情など）に気づき、相手の安心できる
距離を尊重する

ケース 3 距離を意識しながら会話をする
場面：作業場での休憩時間の様子

ナ …ナレーション　E …女性　F …男性

ナ 「今からやるロールプレイでは F さんの行動
に注目してください。ここは工場です。工
場で働いている E さんと F さんは今は休憩
場所でゆっくりしています。」

F 「あ〜今日も午前中の作業は忙しかったな。
お弁当も食べたし、そうだ休憩時間だし E

さんとおしゃべりしよう。」

（Eさんの方へ歩いて向かう）

「ねえねえ、Eさんご飯食べた？」

E「ご飯食べたよ。Fくんも食べた？」

F「うん食べたよ。となり良い？」

E「うん。いいよ。」

（※サークルシートの黄色の範囲を意識して、少し離れて座る。）

F「ねえねえ。昨日のアイドルが出ていたテレビ見た？」

E「見たよ。めちゃくちゃ面白かったね。音楽番組も昨日はあって、それにもアイドルが出ていたよ。」

F「音楽番組にも出ていて新曲を歌っていてめっちゃいい歌だったね。」

※お互い適当に話をする

ナ「はい、ありがとうございました。今のFさんの行動は○でしょうか、×でしょうか？」

（○の人、×の人それぞれに理由を問う）

「では、今からEさんとFさんにインタビューをしたいと思います。まずはFさん、今休憩時間でしたが何をしていましたか？」

F「今、休憩時間だったのでEさんと話をしていました。楽しく会話ができたと思います。」

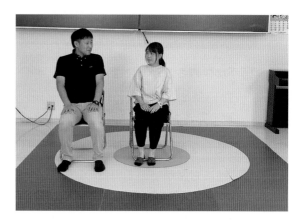

ナ「楽しく会話ができたんですね。次にEさんに話を聞いてみたいと思います。Eさん楽しく会話ができましたか？」

E「Fくんとアイドルの話ができて楽しかったです。あとちょうどよい距離だったので緊張せずに話しやすかったです。」

ナ「なるほど。楽しい会話ができたのは安心できる距離もあったからですね。今、インタビューにあったように、楽しい会話をするためには、安心できる距離が必要です。EさんとFさんは一緒の職場の同僚の関係です。職場の人、友人、家族はサークルでいうと黄色の部分が安心できる距離になっていました。そこをFさんは意識してできていましたね。だからFさんの行動は○です。みなさんも知っている人と会話をする時は安心できる距離を意識していきましょう。」

ポイント

● 職場の同僚や友人などと会話をする時の適切な距離が理解できているかを確認する

着替える場所を考える

ケース 4 着替える場所を考える
場面：作業場で仕事が終わった後、更衣室以外で着替えようとする

ナ…ナレーション　G…女性　H…女性（男性でも可）

ナ 「今からやるロールプレイではGさんの行動に注目してください。GさんとHさんは仕事が終わり、着替えるところです。」

G 「あー今日も疲れたな〜、更衣室は人が多いね〜、早く帰りたいし、誰もいないから、廊下で着替えちゃおう！」

H 「え〜誰か来るかもしれないから、やめておこうよ。」

G 「そうだね、みんなの場所だし誰か来たら恥ずかしいし、やめておこうか。」

ナ 「足音がしてきました。」
　　（〜女性が廊下を通り過ぎる〜）

G 「あー危なかった！廊下で着替えていたら、見られるところだった！」

ナ 「はい、ありがとうございました。今のGさんの行動は○でしょうか、×でしょうか？」
　　（○の人、×の人それぞれに理由を問う）
　　「それではGさんにインタビューをしたい

と思います。Gさん、どうして更衣室に戻ったのですか？」

G 「Hさんに言われて、みんなの場所だと思い出して更衣室に行きました。」

ナ 「そうですね。更衣室はみんなの場所ですが、着替えるための部屋だから、例外として着替えていい場所でした。廊下で着替えていたら、誰かに見られて、変態と言われるところでした。だから、Gさんの行動は○です。」

ポイント

● みんなの場所、自分の場所を理解する
● みんなの場所にも例外（特殊な場所）があることを確認する

恋するキモチって？

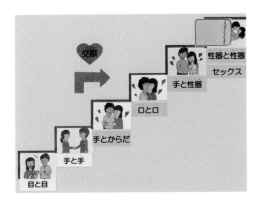

全体のねらい

- ロールプレイを通して相手の気持ちや都合を考えることの大切さを学び、良好な対人関係を築けるようになる
- 「恋するキモチ」について考えることができる
- 交際のルール（約束）とマナーについて理解する
- 恋するキモチに伴う触れ合いの度合いやマナーについて、パネルを用いて理解を図る

学習の進め方

はじめの会
1. 恋するキモチ（ロールプレイ）
2. ふれあいってなんだろう？
3. ネットのマナー（ロールプレイ）
おわりの会

教材

教材	作り方（素材、大きさ）

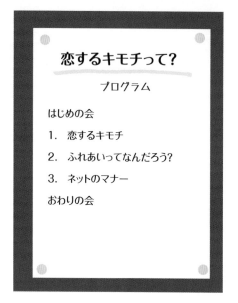

【大きさ】
模造紙
（縦約110cm×横約80cm）
【素材】
模造紙
【留意点】
・プログラム進行の妨げにならないよう掲示し、全体の流れが視覚的にわかるようにしておく

1　恋するキモチ

●「恋するキモチ」パネル

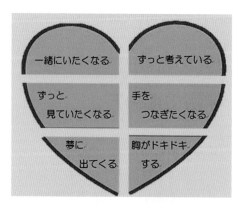

一緒にいたくなる。　ずっと考えている。
ずっと見ていたくなる。　手をつなぎたくなる。
夢に出てくる。　胸がドキドキする。

こう さ い
交際

【大きさ】
縦約80cm×横約110cm
【素材】
模造紙、もしくは（プラスチック）段ボール、マグネットシート
【留意点】
・ケースごとに分断したものと、分断していないものと2つ用意する

【大きさ】
B4
（縦約26cm×横約36cm）
または
A3
（縦約30cm×横約42cm）
※参加者の見やすい大きさ
【素材】
色画用紙、マグネットシート

| 1 恋するキモチ | 教材 | 作り方（素材、大きさ） |

1 恋するキモチ

教材

●「交際の約束」パネル

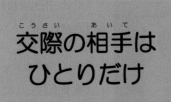

交際の相手は
ひとりだけ

相手も
恋するキモチか
確認しよう

落ち着いて
考えよう

信頼できる
人に話そう

2 ふれあいってなんだろう？

●「ふれあいの種類」パネル

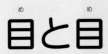

目と目　　手と手

手とからだ　　口と口

手と性器　　性器と性器

セックス

作り方（素材、大きさ）

【大きさ】
B4
（縦約26cm×横約36cm）
または
A3
（縦約30cm×横約42cm）
※参加者の見やすい大きさ

【素材】
色画用紙、マグネットシート

【留意点】
・「約束」に関するパネルは
　全章で色を統一する
　（本テキストではオレンジで
　統一）

【大きさ】
B3を横長には半分
（縦約18cm×横約52cm）

【素材】
色画用紙、マグネットシート

【留意点】
・「手とからだ」のふれあい
　より関係性が変わるた
　め、画用紙の色を変え、
　視覚的に変化がわかるよ
　うにする

教材	作り方（素材、大きさ）

●「ふれあいの段階」パネル

目と目

手と手

手とからだ

口と口

手と性器

性器と性器

ふとん

矢印

掲示例

【大きさ】
B3
（縦約36cm×横約52cm）

【素材】
画用紙、ビニールテープ
（赤）、マグネットシート

【留意点】
・パネルの左側と上部のふ
　ちに赤ラインをつけ、階段
　を分かりやすくする
・掲示するスペースに合わせ
　て、階段状に掲示できるよ
　う大きさは調整する

ふとんパネル
【大きさ】
「性器と性器」パネルの男
女のからだが隠れる大きさ

【素材】
色画用紙、マグネットシート

矢印パネル
【大きさ】
A3
（縦約30cm×横約42cm）

【素材】
色画用紙、マグネットシート

※「交際」パネルは、「1. 恋
　するキモチ」のものを活
　用する

2 ふれあいってなんだろう?

教材	作り方(素材、大きさ)

●「セックスができる条件」パネル

お互いの
同意がある

嫌なときは
「No!」と言える

相手の気持ちを
考えることが
できる

仕事をして
収入がある

子どもを
育てられる

【大きさ】
B4
(縦約26cm×横約36cm)
または
A3
(縦約30cm×横約42cm)
※参加者の見やすい大きさ
【素材】
色画用紙、マグネットシート

●「セックスのリスク(困ること)」パネル

望まない
妊娠

性感染症

性暴力
(DV)

【大きさ】
B4
(縦約26cm×横約36cm)
または
A3
(縦約30cm×横約42cm)
【素材】
色画用紙、マグネットシート

| 教材 | 作り方（素材、大きさ） |

●「SNSを使うときの約束」パネル

個人情報を
のせない
（こじんじょうほう）

他人がいやがる
ような情報を
のせない
（たにん）（じょうほう）

個人情報が
わかる写真を
のせない
（こじんじょうほう）（しゃしん）

返事がないのに
３つ以上メッセージ を
送らない
（へんじ）（いじょう）（おく）

夢中に
なりすぎない
（むちゅう）

課金は
計画的にしよう
（かきん）（けいかくてき）

【大きさ】
B4
（縦約26cm×横約36cm）
または
A3
（縦約30cm×横約42cm）
※参加者の見やすい大きさ

【素材】
色画用紙、マグネットシート

【留意点】
・「約束」に関するパネルは
　全章で色を統一する
（本テキストではオレンジで統一）

プログラム

1 恋するキモチ（ロールプレイ）

ねらい
- ロールプレイを通して、恋愛（恋するキモチ）について理解できる
- 恋愛における「同意」の重要性について理解できる

展開	内容	留意点

展開

30分
スタッフ
ナレーション：1名
ロールプレイ：2〜3名
パネル・板書：1名

Ⓐ

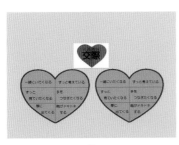

Ⓑ

内容

1 スタッフに好きな人がいるかを問う
次に参加者に好きな人がいるのかを問う
「恋するキモチ」とは、家族・友達に対する「好き（Like）」ではない「好き（Love）」という気持ちのこと

2 ロールプレイをみて、好き（Love）の気持ちについて具体的に知る（Ⓐ）

> ロールプレイのシナリオ参照（P52〜55）
> ケース①　夢に出てくる
> ケース②　胸がドキドキする
> ケース③　ずっと見ていたくなる
> ケース④　手をつなぎたくなる
> ケース⑤　一緒にいたくなる
> ケース⑥　ずっと考えている

以上のような気持ちを「恋するキモチ」ということを定義づけする

3 ロールプレイ以外にどのような「恋するキモチ」があるか参加者へ問う

4 お互いに「恋するキモチ」を持っており、お互いはっきりとした同意（言葉で確認するなど）を得てはじめて交際となることを説明する（Ⓑ）

留意点

▶1 参加者に好き（LikeとLove）を意識させるため、スタッフは好き（Like）を意図的に答える
➡芸能人やアニメキャラクター、家族、ペットなど

▶1 参加者より好き（Love）が出ない場合は、スタッフに発言してもらう
➡彼氏・彼女、恋人、片思いの相手、夫婦、カップルなど

▶2 ロールプレイは参加者がイメージしやすいように身近な事例でわかりやすくする

▶2 ケースごとに該当する「恋するキモチ」パネルをはり、ロールプレイをする

▶3 参加者の意見を板書し、意見が出ないときは進行以外のスタッフが発言する
➡「食事にいきたい」「電話したい」「話がしたい」「近くにいきたい」「デートしたい」「写真を撮りたい」「連絡先を知りたい」「SNSの交換をしたい」など

▶4 自分の一方的な気持ちだけでは交際していることにはならない点を説明する

展開	内容	留意点

ⓒ

5　交際の約束についてパネルで説明する（**ⓒ**）

1）相手も恋するキモチか確認しよう

2）交際の相手はひとりだけ

3）落ち着いて考えよう

4）信頼できる人に話そう

パネルを順番に復唱する

応用編

「嫌われないためのマナー」

●10秒以上見つめない

●しつこく電話・メールしない

●家の前で長時間待ったり、ウロウロしない

●しつこくついて回ったり、追いかけない

●食事や映画にしつこく誘わない（誘った人に断られたら、潔く諦める）

（誘われて嫌だったらはっきり断る）

▶応用編　あいまいな表現は理解しづらいため「しつこい」に該当する頻度を具体的に例示する（3回まで、など）

2　ふれあいって何だろう？

ねらい
- 「ふれあい」には段階があることを理解できる
- 「ふれあい」のマナーやルールがあることを理解できる
- セックスのリスクについて、理解できる

展開	内容	留意点

展開

30分
スタッフ
進行：1名
パネル・板書：1～2名

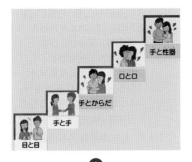

Ⓐ

内容

1　言葉以外のコミュニケーションのことを「ふれあい」ということを説明する

2　「恋するキモチ」があれば、ふれあいたいと思うことを説明し、例として「手をつなぎたくなる」というのは、「手と手」のふれあいであることを説明する

3　参加者に、ほかにどのようなふれあいがあるか問い、いろいろなふれあい方があることを説明する
順番に、「ふれあいの段階」パネルを見せて、どのようなふれあいか参加者へ確認した後、「ふれあいの種類」パネルと一緒に階段状に貼る（Ⓐ）

　1）目と目

　2）手と手

　3）手とからだ

　4）口と口

　5）手と性器

4　参加者にパネルがどのように並んでいるかを問う
➡「階段状に」なっていることを説明する
➡ふれあいは階段状に進んでいき、次の段階に進むときはお互いの同意があった方が望ましいことを説明する

5　恋人以外（友達、職員など）とできるふれあいはどこまでか問い、その部分に「矢

留意点

▶3　参加者に交際している人がいる場合など必要時は、「口と口」のふれあい（キス）にも「口と手」「口と頬」「口とおでこ」などの段階があることを説明

▶4　ふれあいには段階があるため、視覚的に理解できるよう、階段状に掲示している

▶4　パネルの縁には赤いラインをつけて、階段状になっていることをわかりやすくする

展開	内容	留意点

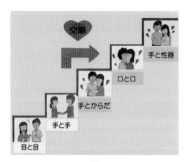

印」パネルを貼ってもらう（**B**）

➡ 正解は「手と手」（**B**）のように矢印パネルを貼る）

「手とからだ」からは、交際していてお互いに同意がある場合のみ、できるふれあいであることを説明する

ただし、家族とはハグなど「手とからだ」のふれあいがあることも補足する

交際している相手でも、突然「口と口」「手と性器」のふれあいではなく、段階を踏んでいくことが望ましいことを説明する

▶5 参加者数名に「矢印」パネルを貼ってもらい、認識を確認する

▶5 お互いの気持ちを大切にし、お互いの同意があって、次の段階に進むことが望ましいことを再度確認する

6 お互いのことをもっと好きになるとできるふれあいについて問う

「性器と性器」パネルを見せ、どのようなふれあいか問う

「性器と性器」のふれあいは「セックス」ともいい、妊娠する可能性があることを説明する（**C**）

▶6 参加者が答えにくいようであれば、進行以外のスタッフが発言する

▶6 パネルを貼った後は、以下の理由から進行の妨げになるため布団パネルをかける
・参加者が恥ずかしがる
・参加者が目を背ける
・参加者が過剰に反応する
・プライベートゾーンは「みんなの場所」で見せるものではないため

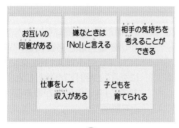

7 参加者にセックスができる条件を問う（**D**）
まとめとしてパネルでセックスができる条件について説明する

1）お互いの同意がある

2）嫌な時は「No！」と言える

3）相手の気持ちを考えることができる

4）仕事をして収入がある

5）子どもを育てられる

▶7 参加者の意見を板書し、意見が出ないときは、進行以外のスタッフが発言する

8 セックス（性器と性器のふれあい）のリスク（困ること）についてパネルで説明する（**E**）

1）望まない妊娠
子どもが欲しいと思っていないのに子どもができてしまうこと

▶8 セックスは素敵なふれあいであることを押さえた上で、リスクがあることを説明する

▶8 今後の学習内容につなげるために、簡潔に説明を行う

展開	内容	留意点
	2）性感染症 　セックスによってうつる病気 3）性暴力（ＤＶ） 　どちらかが嫌がっているのに無理やりセックスしようとしたり、避妊をしないこと	

3 ネットのマナー（ロールプレイ）

ねらい ● SNSにおけるマナーとリスクについて理解できる

展開	内容	留意点
30分 スタッフ ナレーション：1名 ロールプレイ：2名 パネル・板書：1名	1 インターネットをどのような時に活用するか参加者に問う ➡料理のつくり方を調べる、バスの時間を調べる	▶1 参加者の意見を板書し、意見が出ないときは、進行以外のスタッフが発言する
	2 インターネットの良いところを参加者に問う ➡すぐに調べられる、いつでも使える	▶2 参加者の意見を板書し、意見が出ないときは、進行以外のスタッフが発言する
	3 インターネットの気をつけないといけないところを参加者に問う ➡全部が正しい情報とは限らない	▶3 参加者の意見を板書し、意見が出ないときは、進行以外のスタッフが発言する
	4 インターネットや携帯（スマートフォン）に関するトラブルについて知っているか、またその内容を参加者に問う ➡迷惑メールがたくさん来る、架空請求が来る、いじめに関する書き込み	▶4 参加者の意見を板書し、意見が出ないときは、進行以外のスタッフが発言する
	5 ロールプレイを見てどんなトラブルがあるか知る	▶5 参加者のエピソードを基にしたロールプレイが有効 ▶5 ロールプレイの前に、登場人物の誰の行動に着目するか伝える ロールプレイ後、その行動が良かったか悪かったか、またその理由を問う

ロールプレイのシナリオ参照（P56 ～ 58）
ケース①　サイトを見ていたら架空請求の画面が出てきた
ケース②　彼氏から裸の写真を送るように言われた
ケース③　SNS に自分の個人情報を載せた

展開	内容	留意点

展開

個人情報をのせない	他人がいやがるような情報をのせない	個人情報がわかる写真をのせない
返事がないのに3つ以上メッセージを送らない	夢中になりすぎない	課金は計画的にしよう

Ⓐ

内容

まとめとして、SNSを使うときの約束についてパネルで説明する（Ⓐ）

1）個人情報（名前、住所、学校名、会社名など）をのせない

2）他人が嫌がるような情報（悪口、暴言など）をのせない

3）個人情報がわかる写真（車、看板、風景、顔写真など）をのせない

4）返事がないのに3つ以上のメッセージを送らない

5）夢中になりすぎない

6）課金は計画的にしよう

わからないこと、困ったことがあったときは、信頼できる人に相談するよう補足する

留意点

▶5　プライバシーの侵害、名誉き損、肖像権の侵害など軽犯罪にあたることを説明する

シナリオ

1　恋するキモチ

> ### ケース 1　夢に出てくる
> 場面：男性の夢に意中の女性が出てきて、目が覚める

ナ …ナレーション　A …男性

【パネル「夢に出てくる」を見せる】

ナ 「ある朝の事です。Aさんは今起きたようです。あれれ？なんだかうれしそうにしていますね。」

A 「あ〜今日は良い夢を見たな〜。Bさんが夢に出てきて嬉しかったな〜。」

ナ 「どうやらAさんはBさんが夢に出てきたようです。だからこんなに嬉しそうなんですね。」

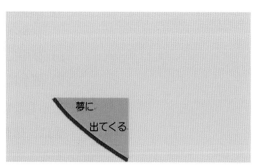

> ### ケース 2　胸がドキドキする
> 場面：男性が玄関で靴を履き替えている所に女性がやってくる

ナ …ナレーション　A …男性　B …女性

【パネル「胸がドキドキする」を見せる】

ナ 「Aさんは学校の玄関で靴を履き替えています。そこにBさんがやってきました。」

A 「あ、Bさんが来てる。Bさんを見ているとなんだかドキドキするな〜。ドキドキ。」

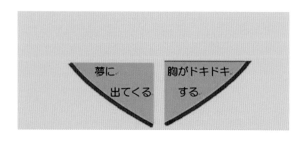

B 「あ、A くんおはよう。なんだか眠そうだね〜。一緒に教室まで行こう。」

A 「え？？やった〜。うん、いこう、いこう。うわ〜嬉しいけど緊張するな〜。」

ナ 「A さんはなんだかドキドキが止まらないようです。」

ケース

3 ずっと見ていたくなる
場面：授業中、男性が女性を見過ぎて教師から注意される

ナ …ナレーション　A …男性　B …女性　教 …教師 (ナレーションでも可)

【パネル「ずっと見ていたくなる」を見せる】

ナ 「A さんは教室で授業中です。」

A 「今日は朝から嬉しかったな〜。あ、B さん、授業集中して聞いてる。頑張ってるな〜、ずっと見ていたいな〜。」

B （真剣に授業を受けている）

教 「A さん…A さん、何ぼんやりしてるの！」

A 「はっ！すみません、聞いてませんでした。」

教 「しょうがないなあ。ちゃんと集中して。」

A 「はい…。…やっぱり B さんかわいいな〜。」

ナ 「あらら、A さんは先生に注意されてもずっと B さんのことを見ていたいんですね。」

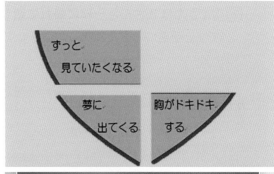

ケース 4

手をつなぎたくなる
場面：授業終了後、男性と女性が一緒に下校している

ナ …ナレーション　A …男性　B …女性

【パネル「手をつなぎたくなる」を見せる】

ナ 「授業が終わって、Aさんは歩いて帰ろう
としているところです。」

A 「あ、Bさんだ。Bさん、一緒に帰ろうよ。」

B 「あ、Aくん。うん。帰ろう、帰ろう。今
日も疲れたね〜。」

A 「Bさんと一緒に帰れて嬉しいな〜。あ〜B
さんの手きれいだな〜。手をつなぎたいな
〜。」

ナ 「AさんはBさんと一緒に帰れて嬉しそう
です。手をつなぎたくなったようですね。」

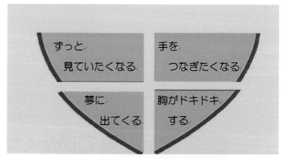

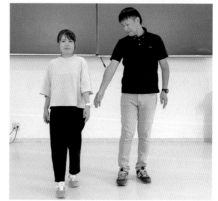

ケース 5

一緒にいたくなる
場面：男性が駅で女性と話をしている

ナ …ナレーション　A …男性　B …女性

【パネル「一緒にいたくなる」を見せる】

ナ 「学校から一緒に帰ってきたAさんとBさ
ん。2人は駅に着いたところです。Aさん
は、なんだか元気がない顔をしています。」

B 「駅についたね〜。明日も頑張ろうね。バイ
バイ。」

A 「うん、バイバイ。」

（Bさんがいなくなるまでずっと見ている）

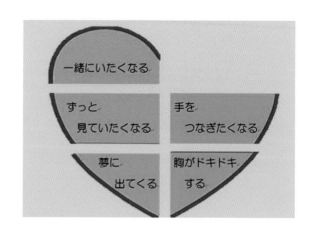

A 「あ〜あ、Bさん行っちゃった。寂しいな〜。ほんとはもっとたくさんおしゃべりしたいんだよな〜。もっと一緒にいたいな〜。」

ナ 「AさんはBさんと一緒にいたくて、離れるのが寂しいようです。」

ケース6 ずっと考えている
場面：男性が自分の部屋で女性のことを考えている

ナ …ナレーション　A …男性

【パネル「ずっと考えている」を見せる】

ナ「Aさんは自分の部屋で休んでいます。おや？Aさん何か考え事をしているようですね。」

A 「あ〜今日も仕事頑張ったな〜。仕事中のBさん頑張ってたな〜。今何しているのかな〜。休みの日は何しているのかな〜。どういうテレビ番組が好きなのかな〜。気になるな〜。」

ナ 「あれれ？部屋に戻っても、Bさんのことをずっと考えています。」

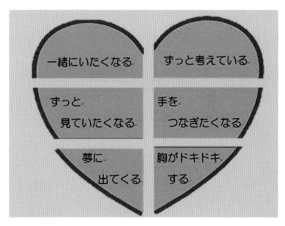

3 ネットのマナー

ケース
1 サイトを見ていたら請求画面が出てきた

場面：サイトを見ていたら、登録完了という画面が出てきて、クリックしたら架空請求が来た

ナ …ナレーション　　A …男性

ナ 「Aさんは部屋でスマホを使っているようです。」

A 「女の人の写真だ。」

ナ 「Aさんはサイトを見ているようです。」

A 「次はこの動画を見よう。ここをクリック！ポチッ。え？登録完了？登録料として、54,000円振り込んでください？ど、どうしよう…。」

ナ 「はい、ありがとうございます。今の場面の中でどんな問題があったでしょうか？」（参加者に問う）
「そうですね。インターネットの中には、みんながドキドキしたり、続きを見たいと思わせるようなものをわざと載せて、お金を取ろうとする悪い人がいます。『続きはこちら』や『ここをクリック！』などのページを簡単にクリックしたり、見ないようにすることが大切です。もし『振り込んでください』という画面が出たり、メールが来ても自分の判断で振り込んではいけません。また『○○カスタマーセンター』や『問い合わせはこちら』と記載されたあて先に相談してはいけません。個人情報が漏れて、請求がエスカレートすることがあります。まずは、信頼できる人に相談しましょう。」

彼氏から裸の写真を送るように言われた
場面：入浴時に、彼氏から「裸の写真を送って」といわれ、しぶしぶ写真を送った

ナ …ナレーション　Ａ …男性　Ｂ …女性

ナ「今からやるロールプレイではＢさんの行動に注目してください。Ｂさんは今からお風呂に入ろうとしているところです。そこに交際しているＡさんからメッセージが来ました。」

Ｂ「あ、Ａくんからだ。今、何してる？今、お風呂に入ってるよ、送信。」

Ａ「へ〜お風呂に入ってるんだ。ねぇ、今からお風呂なら入っているところの写真を送ってよ。」

Ｂ「え〜〜やだよ。」

Ａ「誰にも見せないから送ってよ。」

Ｂ「本当に誰にも見せない？」

Ａ「もちろんだよ！誰にも見せないよ。」

Ｂ「じゃあ、いっか。」

　（写真を送信する）

ナ「はい、ありがとうございました。今のＢさんの行動は○でしょうか、×でしょうか？」

　（○の人、×の人それぞれに理由を問う）

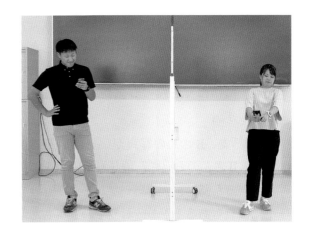

ナ「そうですね、これは×です。Ａさんが間違ってほかの人に送ってしまうということはないでしょうか？今は仲がいいから自分だけ見ているかもしれませんが、別れた後誰かに見せたりしないでしょうか？一度送ったものは消すことはできません。写真を送るときは慎重にしましょう。

　またＡさんのようにプライベートゾーンの写真を要求すると、嫌われたり、変態と言われたり、最悪の場合は警察に通報されたりします。」

ケース3 SNS に自分の個人情報を載せた

場面：SNS に載せた写真を見て、知り合いが家に来る

ナ…ナレーション 　A…男性　 B…女性

ナ 「今からやるロールプレイではAさんとB さんの行動に注目してください。AさんはBさんのSNSを見ています。BさんのSNS にはたくさんの写真が載っているようです。」

A 「あ、Bさんの写真がいっぱいある！へ～ Bさんのお兄さんはかっこいい車に乗ってるんだな、ナンバープレートが写ってる写真もある！！あ、おうちの写真もある！隣のコンビニは○○○町店って書いてある。行ったことあるコンビニだな～。ちょっとBさんの家に行って、車を見に行こう。」

B 「あれ？Aさん何しに来たの？どうして私の家がわかったの？」

A 「SNSに写真がいっぱい載ってたから、それを見てきたんだ。」

ナ 「はい、ありがとうございました。今のA さんの行動は○でしょうか、×でしょうか？」

（○の人、×の人それぞれに理由を問う）

「次にBさんの行動は○でしょうか、×でしょうか？」

（○の人、×の人それぞれに理由を問う）

ナ 「これはどちらも×です。みなさんは住所も教えていないのに突然家に来られたらどう思いますか？住所を教えなくても写真を見ただけで住所がわかるようなものを載せないようにしましょう。個人情報というのは住所だけではなく、誕生日、電話番号、仕事内容や職場・学校の場所、顔写真、位置情報がわかる写真などが含まれます。SNS にのせる情報は慎重に考えましょう。

また、AさんのようにSNS上に情報が載っていたとしても、それを使って実際に会いに行ってはいけません。ストーカーと間違われたり、嫌われたり、警察に通報されたりすることもあります。」

────── ケース①～③のポイント ──────

● 「SNSを使うときの約束」の中から対象者に身近な事例をもとにシナリオを作成する

● ○、×だけでなく、なぜそう思ったのか問いながら、一緒に考える

第3章

すてきな大人のマナー

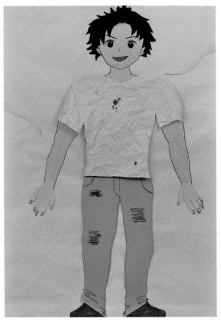

全体のねらい

- デートにふさわしい格好の学習を通して、普段の身だしなみの大切さを理解する
- 交際時の相手への気持ちの確認方法、交際してからのマナー、交際した時に気をつけることや、交際相手の気持ちについて学習を通じて深めていく
- デートDVについて、ロールプレイとパネルを用いて理解する
- ラブには異性愛、同性愛などいろいろな形があることを説明する

学習の進め方

はじめの会
1. すてきはどっち？
2. 告白のマナー（ロールプレイ）
3. デートに行ってみよう（ロールプレイ）
4. デートDV（ロールプレイ）
5. ラブの形（ペープサート）
おわりの会

教材

教材	作り方（素材、大きさ）

すてきな大人のマナー

プログラム

はじめの会

1. すてきはどっち?
2. 告白のマナー
3. デートに行ってみよう
4. デートDV
5. ラブの形

おわりの会

【大きさ】
模造紙
（縦約110cm×横約80cm）

【素材】
模造紙

【留意点】
・プログラム進行の妨げにならないように掲示し、全体の流れが視覚的にわかるようにしておく

---

1 すてきはどっち?

●「身だしなみ」パネル

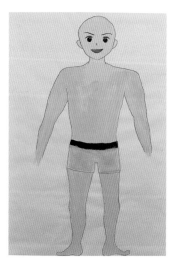

【大きさ】
模造紙
（縦約110cm×横約80cm）

【素材】
模造紙

【留意点】
・足まで含めた全身を描く

●整容前パーツ

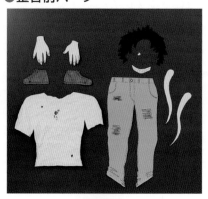

男性用   女性用

【大きさ】
「身だしなみ」パネルのモデルの大きさに合わせる

【素材】
色画用紙、マグネットシート
・寝グセのある髪の毛
・汚れたり、伸びている爪
・破け、汚れ、サイズの合わない衣類や靴
・剃り残した髭、目やに、におい

<table>
<tr><td>**教材**</td><td>**作り方（素材、大きさ）**</td></tr>
</table>

1 すてきはどっち?

掲示例

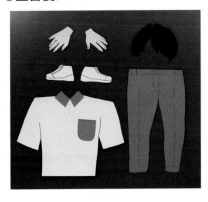

整える前

●整容後パーツ

男性用　　　　　女性用

掲示例

整えた後

【大きさ】
「身だしなみ」パネルのモ
デルの大きさに合わせる

【素材】
色画用紙、マグネットシート
・整った髪の毛
・サイズの合っている清潔
　な衣類や靴
・整った爪

2 告白のマナー

| 教材 | 作り方（素材、大きさ） |

●「告白のマナー」パネル

相手の家の前や
職場で待ち伏せしない

はっきり
「すきです」
「付き合って下さい」
と伝える

相手も「すき」
「付き合っても良い」
と思っているか聞く

何度も
しつこく告白をしない

相手が「イヤ」
と言ったときは
キッパリあきらめる

告白をされた人は
イヤなときは
「イヤです」と
はっきり言う

【大きさ】
B4
（縦約 26cm ×横約 36cm）
または
A3
（縦約 30cm ×横約 42cm）
※参加者の見やすい大きさ

【素材】
色画用紙、マグネットシート

【留意点】
・「マナー」に関するパネル
　は全章で色を統一する
（本テキストでは黄色で統一）

3 デートに行ってみよう

●「デートのマナー」パネル

お互いに
本当に好きか
確認しよう

計画的に考えて
お金は使おう

デートの時間は
計画的に
考えよう

相手の気持ちも
考えよう

まわりの
気持ちも
考えよう

【大きさ】
B4
（縦約 26cm ×横約 36cm）
または
A3
（縦約 30cm ×横約 42cm）
※参加者の見やすい大きさ

【素材】
色画用紙、マグネットシート

【留意点】
・「マナー」に関するパネル
　は全章で色を統一する
（本テキストでは黄色で統一）

教材	作り方（素材、大きさ）

4 デートDV

●「デートDV」パネル

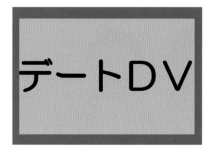

からだへの
ぼうりょく
暴力

こころ
心への
ぼうりょく
暴力

かね
お金の
ぼうりょく
暴力

せいてきぼうりょく
性的暴力

【大きさ】
B4
（縦約26cm×横約36cm）
または
A3
（縦約30cm×横約42cm）
※参加者の見やすい大きさ
【素材】
色画用紙、マグネットシート

5 ラブの形

●「ラブの形」パネル

いせいあい
異性愛

どうせいあい
同性愛

りょうせいあい
両性愛

【大きさ】
B4
（縦約26cm×横約36cm）
または
A3
（縦約30cm×横約42cm）
※参加者の見やすい大きさ
【素材】
色画用紙、マグネットシート

教材

●「ラブの形」ペープサート

●「ハート」パネル

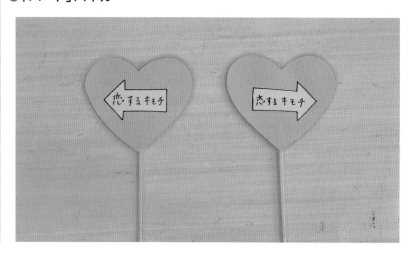

作り方（素材、大きさ）

男女の人形2体ずつ
【大きさ】
人形部分
A3
（縦約42cm×横約30cm）
全長50cm
【素材】
画用紙、棒（約30cm）
【留意点】
・外見は男性女性がわかり
　やすくする

【大きさ】
ハート部分
A4
（縦約21cm×横約30cm）
全長50cm
【素材】
色画用紙、棒（約30cm）
【留意点】
・右方向、左方向の矢印を
　1つずつ作成する

プログラム

1 すてきはどっち?

> **ねらい**
> ● 身だしなみの重要性と具体的な整容の方法について理解できる

展開

30分～40分
スタッフ
進行：1名
パネル：男女1名ずつ

Ⓐ

Ⓑ

内容

1 身だしなみパネル（整える前）を貼る（Ⓐ）

2 今から、この2人はデートに行くという設定を説明し、男女別々にデートにふさわしい身だしなみかどうかを参加者に問い、ふさわしくない部分を発表してもらい、板書する（Ⓐ）

3 参加者にどのようにして、身だしなみを整えるのか問い、実際の道具を選びながらデモンストレーションしてもらう

＜ふさわしくない箇所＞

● ボサボサの髪の毛

● 伸びている、汚れている爪

● 髭（剃り残し含む）

● 鼻毛

● 歯の汚れ

● 服のしわ、汚れ、破け、サイズ

● 下着が見えている

● 靴下（汚れ、左右違い、穴あき）

● 靴が汚れている、かかとを踏んでいる

● におい（視覚的に表現する）

　　　　　　　　　　など

身だしなみを整えながらふさわしいパーツに貼りかえる（Ⓑ）

留意点

▶2 見た目だけでなく、「におい」なども表現し、気づきを促す

▶2 意見が出ない場合は、進行以外のスタッフが発言する

▶3 身だしなみに必要な道具を用いて、道具や使い方について確認していく

ステキになるための物、方法

▶ 整髪料、くし、ドライヤー

　爪切り、ハンドソープ

　髭剃り、シェービングフォーム

　鼻毛カッター

　歯みがきセット

　洗剤、アイロン

▶ 洗剤、裁縫セット

▶ お風呂、シャワー、汗ふきシート
※香水の付け過ぎ(においが強すぎる)、化粧の濃さにも留意する

2 告白のマナー（ロールプレイ）

> **ねらい**　● 恋するキモチの上手な伝え方（告白）のマナーが理解できる

展開	内容	留意点

展開

20分〜30分

スタッフ
ナレーション：1名
ロールプレイ：2〜3名

内容

1　第2章「1. 恋するキモチ」で学習した恋するキモチには、どういう気持ちがあったか確認する（一緒にいたくなる、夢に出てくるなど）

2　どのような方法で相手に気持ちを伝えるか、どのような伝え方が相手に伝わりやすいかを参加者に問う

3　ロールプレイを見て、告白のマナーについて考える

ロールプレイのシナリオ参照（P73 〜 77）
ケース①　家の前で待ち伏せする
ケース②　何度もしつこく告白する
ケース③　直接告白して思いを伝える

4　告白のマナーについてパネルで説明する（Ⓐ）

　1）相手の家の前や職場で待ち伏せしない

　2）はっきり「すきです」「付き合ってください」と伝える

　3）相手も「すき」「付き合っても良い」と思っているか聞く

　4）何度もしつこく告白をしない

　5）相手が「イヤ」と言ったときはキッパリあきらめる

　6）告白をされた人はイヤなときは「イヤです」とはっきり言う

留意点

▶2　参加者から出た意見を板書する
　例：直接言う、メール、電話、手紙、SNSなど

▶3　参加者に合わせてケースを選択する

▶3　ロールプレイの前に、登場人物の誰の行動に着目するか伝える
　ロールプレイ後、その行動が良かったか悪かったか、またその理由を問う

▶3　他者の気持ちの理解を促すために、演じた人になぜそのような行動をとったか、されてどう思ったかインタビューする

▶4　「イヤです」の他に「付き合えない」「ごめん」などの断り方も補足しておく

3 デートに行ってみよう（ロールプレイ）

ねらい ● 交際のマナー・ルールについてロールプレイを通して理解できる

展開	内容	留意点

展開

20分〜30分
スタッフ
ナレーション：1名
男女：1名ずつ
パネル・板書：1名

内容

1　第２章「1. 恋するキモチ」で学習した交際の定義（お互いに恋するキモチになり、告白をして、相手の気持ちが確認できたら、交際となること）を確認する

2　「交際している」相手との外出を「デート」ということを説明

3　デートでは、どこに行きたいか、参加者に問う

4　ロールプレイを見て、デートのマナー・ルールについて具体的に知る

ロールプレイのシナリオ参照（P78 〜 83）
ケース①　お互いに本当に好きか確認しよう
ケース②　計画的に考えてお金は使おう
ケース③　デートの時間は計画的に考えよう
ケース④　相手の気持ちも考えよう
ケース⑤　まわりの気持ちも考えよう

Ⓐ

5　デートのマナーについてパネルで説明する（Ⓐ）
1）お互い本当に好きか確認しよう
2）計画的に考えてお金は使おう
➡前もって、デートの金額を決めておき、いつもどちらかが払うのではなく、2人で平等に支払う
3）デートの時間は計画的に考えよう
➡遅くなりすぎない（翌日に支障が出ない、バスや電車の時間に間に合うなど）

留意点

▶1　自分だけが相手を好きだったり、告白の返事をもらっていなかったりするのは「交際」とはならない

▶3　参加者の意見を板書し、意見が出ないときは進行以外のスタッフが発言する

▶4　ロールプレイ前に、登場人物の誰の行動に注目するか伝える

▶4　ロールプレイ後、その行動が良かったか悪かったかと、その理由を問う

展開	内容	留意点
	4）相手の気持ちも考えよう ➡無理やりデートに誘うなどせず、2人の都合を考えて計画を立てる 5）まわりの人の気持ちも考えよう ➡「みんなの場所」でイチャイチャしない パネルを順番に復唱する	

4 デートDV（ロールプレイ）

ねらい
- デートDVの概念について理解できる
- デートDVへの対処について理解できる

展開	内容	留意点

展開

15～20分
スタッフ
ナレーション：1名
男女：1名ずつ

内容

1　参加者に「ＤＶ（ドメスティックバイオレンス）」について聞いたことあるか問う

2　「ＤＶ」とは、配偶者間（結婚している、同居しているなどのパートナー生活を送っている関係）に起こる家庭内暴力であることを説明する
「デートＤＶ」とは、交際しているカップル間の暴力であることを説明する

3　ロールプレイを見て、ＤＶにどのようなものがあるのか、具体的に知る

> ロールプレイのシナリオ参照（P84 ～ 87）
> ケース①　からだへの暴力
> ケース②　心への暴力
> ケース③　お金の暴力
> ケース④　性的暴力

4　「デートＤＶ」パネルで、デートＤＶの種類を示し、それぞれの具体的な行動について説明する（Ⓐ）
1）からだへの暴力
➡物を投げる、叩く、蹴る、つねる、ケガをさせるなど
2）心への暴力
➡相手が傷つくことを言う（バカ、ブス、かわいくない、デブ、ハゲ、チビ、臭いなど）、束縛（携帯チェック、連絡先を消させる、人付き合いを制限する）

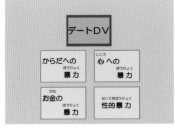

Ⓐ

留意点

▶3　ロールプレイは参加者の状況や時間配分に応じて選択する

展開	内容	留意点
	3）お金の暴力 ➡借りたお金を返さない、無理に払わせる、お金を借り続ける、いつもおごらせる 4）性的暴力 ➡相手が嫌がっているのにキス・セックスをしようとする、触ろうとする、セックスのときに避妊しない パネルを順番に復唱する デートＤＶは、女性だけでなく、男性も嫌なことをされるとあてはまることを説明する デートＤＶを受けた時は、信頼できる人に相談するよう促す	

5　ラブの形（ペープサート）

ねらい　● 恋愛の多様性について、理解できる

展開	内容	留意点

展開

20分
スタッフ
進行：1名
ペープサート：1～2名
パネル：1名

Ⓐ

Ⓑ

Ⓒ

Ⓓ

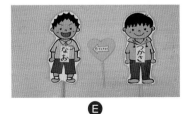

Ⓔ

内容

1　ラブの形にはどのようなものがあるか参加者に問う

　ペープサートを用いてラブの形について説明を行う

1）異性愛について
　「異性愛」パネルを貼る
　男性人形、女性人形を出して、ハートパネルで男性が女性を、女性が男性を好きになる様子を表す（Ⓐ）
　男性が女性に、女性が男性に「恋するキモチ」をもつことを「異性愛」という

2）同性愛について
　「同性愛」パネルを貼る
　ハートパネルで男性が男性（Ⓑ）、女性が女性（Ⓒ）を好きになる様子を表す
　男性が男性、女性が女性に「恋するキモチ」をもつことを「同性愛」という

3）両性愛について
　「両性愛」パネルを貼る
　女性パネルを出し、ハートパネルで男性のことを好きになる様子（Ⓓ）、女性のことを好きになる様子（Ⓔ）を表す
　どちらの性別の人にも「恋するキモチ」をもつことを「両性愛」という

展開	内容	留意点
	2　自分や他の人の好きになる相手が「異性」でなくても、おかしい、恥ずかしいことではなく、まわりに「同性愛」や「両性愛」の人がいても、からかったり、馬鹿にしたりしないように説明する	▶2　ラブの形は多様であり、その多様性を認め合えるよう説明する

ペープサート（紙人形劇）のメリット

・障がい特性によっては、演者の言い方や表情、動きなどに着目し、意図とずれた捉え方をする人がいるため、ペープサートによって情報量を抑える

・ロールプレイでは表現しにくい、気持ちの部分を可視化しやすい

シナリオ

2 告白のマナー

家の前で待ち伏せする
場面：女性が職場から帰宅すると、男性が告白しようと家の前でうろうろしている

Ⓝ…ナレーション　Ⓐ…男性　Ⓑ…女性

Ⓝ「今からやるロールプレイはＡさんの行動に注目してください。夕方Ｂさんは、今仕事が終わって家に帰ってきているところです。おやおや、家の前にＡさんがいます。」

Ⓑ「今日も仕事がんばった～。今日のご飯は何にしようかな。」

Ⓐ「はやくＢさん帰ってこないかな～。」
（家の前でうろうろする）

Ⓑ「うわ…Ａくん、私の家の前でうろうろしてる…なんか怖いな…。」

Ⓐ「あ、Ｂさん！待ってたんだよ！ちょっと話があるんだけど。」

Ⓑ「Ａくん、家の前でうろうろされると怖いし、迷惑だよ。近所の人からも変な人がうろうろしてる、って言われるよ。」

Ⓐ「え、そんなぁ！　ぼくは変な人じゃないよ！Ｂさんが好きだから、今日告白しようとして待ってただけなのに…。」

Ⓝ「ありがとうございました。今、ＡさんはＢさんに告白するために、Ｂさんの家の前で１時間前から待っていました。この行動は○でしょうか、×でしょうか？」
（○の人、×の人それぞれに理由を問う）
「それでは、２人にインタビューしてみたいと思います。Ａさん、どうして家の前に

いたんですか？」

Ⓐ「Ｂさんに今日絶対告白しようと思って、Ｂさんが帰ってくる時間を聞いて１時間前から待ってたんだ。直接伝えた方が想いが伝わると思って…。」

Ⓝ「そうなんですね。ではＢさん、どう思いましたか？」

Ⓑ「暗くてよく見えないし、家の前でうろうろしている人がいて怖かったです。仕事で疲れて早くご飯食べたいのに、話があるって言われてこっちも都合があるのに、迷惑だと思いました。」

Ⓐ「そうか。家の前で待っていたせいで怖い思いをさせちゃったんだね。Ｂさんの都合も聞かずに勝手に押しかけてごめんね。」

Ⓝ「そうですね。今回のＡさんの行動は×で

す。約束もないのに家の前でうろうろしていたら、知ってる人でも怖いですよね。近所の人から不審者に思われて通報されることもあります。また、相手の都合も聞かずに勝手に家の前で待っていることも、相手にとっては迷惑になります。話したいことがあっても、自分の気持ちだけで動くので

はなく、相手の都合なども考えましょう。では、Aさんはどうしたらよかったでしょうか？」

（参加者にアイディアを問う）

➡事前に電話などで帰ってくる時間を聞き、家に行っていいかどうかを確認する

ポイント

● 告白する時は相手の都合（場所や時間）を確認する

ケース 2 何度もしつこく告白する
場面：交際を断られても何度もしつこく告白をする

ナ …ナレーション　A …男性　B …女性

ナ 「今からやるロールプレイではBさんの行動に注目してください。今、Aさんは自分の部屋でゆっくりしているところです。」

A 「今日のテレビ何があるのだろう？はやくお風呂に入ろうっと…あれ、Bさんから電話だ、もしもしAです。」

B 「あ、Aくん？あのさ、ちょっと話したいことがあるんだけど…実は、Aくんのことが好きなんです。私と付き合ってください！」

A 「えぇ！…Bさんの気持ちは嬉しいけど、お付き合いはできないよ。友達としてこれからもよろしくね。」

B 「そっか…わかった…。」

ナ 「それから1時間後です。」

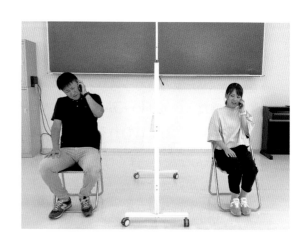

A 「またBさんから電話だ。今度はなんだろ。もしもし？」

B 「Aくん、さっきの話だけど…やっぱりあきらめきれないの！私と付き合ってください！」

A 「え…いや、ぼくはBさんとは友達でいた

いんだよ。ごめんね。」

ナ 「またそれから 1 時間後。」

A 「え、Bさんから電話だ…また告白？もういい加減しつこいな…友達としても付き合いきれないよ…無視しよう。」

ナ 「はい、ありがとうございました。Bさんは、Aさんに何度も告白してましたね。このBさんの行動は○でしょうか、×でしょうか？」

（○の人、×の人それぞれに理由を問う）

「それでは 2 人にインタビューしてみましょう。Bさん、どうして何度も告白したんですか？」

B 「Aくんからは断られたけど、やっぱりあきらめきれなくて…何度も伝えたら本気だって伝わるかと思って…それに、そのうち私のことを好きになってくれると思って…。」

ナ 「そうなんですね。Aさん、告白されてどうでしたか？」

A 「気持ちは嬉しいけど、僕はBさんとはこれからも友達として仲良くしたいと思ったから交際は断りました。僕の気持ちに関係なく、Bさんの気持ちを何度も押し付けられると、友達としても仲良くやれるか不安になりました。」

B 「そうか。Aくんの気持ちを考えてなかったよ。友達としても嫌われてしまうところだった。ごめんね。」

ナ 「そうですね。今回のBさんの行動は×です。自分の思いを相手に伝えることはとても素敵ですし、大切なことです。しかし、相手の気持ちをちゃんと受け止めることも、同じくらい大切なことです。告白すれば、必ず交際できるわけではありません。断られることもあります。そのときは、相手の気持ちを受け止め、キッパリとあきらめることも大切です。」

ポイント

● 告白は断られることもあり、相手の気持ちを受け止めてキッパリとあきらめることの大切さを理解する

直接告白して思いを伝える
場面：相手に思いを伝え、交際の意思を確認する

ナ 「今からやるロールプレイはＡさんの行動に注目してください。Ａさんは、社会人になって４年目です。同じ職場のＢさんのことが好きになったようです。Ｂさんとは、たまに休みが一緒のときに、何人かのグループで遊びに行ったり、SNSで連絡を取り合ったりしています。」

A 「あ〜、Ｂさんかわいいな。大好きだな〜。今度休みの日に会って告白しよう。（SNSでメッセージを送る）"今度の休みにどこかで遊びませんか？"送信！」

B 「あ、Ａくんからメッセージがきた。なんだろう？今度の休みにどこかで遊びませんか、（返信する）"今度の休みは何もないから大丈夫、どこか行こう！"送信！」

A 「あ！ Ｂさんから返事きた！ やった、大丈夫だ！」

ナ 「後日、休みの日です。２人で買い物にでかけました。買い物が終わり、帰る時間になりました。」

A 「Ｂさん、伝えたいことがあるんだけど…。」

B 「なに？ どうしたの？」

A 「…僕、Ｂさんのことが好きなんだ！付き合ってください！」

B 「私もＡくんのことが好きだから、うれしいな！よろしく！」

ナ 「はい、ありがとうございました。今、Ａさんは好きだったＢさんに"好きです"と想いを伝えていました。この行動は○でしょうか、

×でしょうか？」

（○の人、×の人それぞれに理由を問う）

「それでは、２人にインタビューしてみましょう。Ａさん、告白する時に気をつけたことは何ですか？」

A 「はっきり"好き"と思いを伝えることと、交際したいことを伝えました。」

ナ 「それでは、Ｂさん、告白されてどうでしたか？」

B 「直接言ってくれて、Ａくんの思いも伝わってきたし、はっきり伝えてくれたのも嬉しかったです。私も同じ気持ちだったので、交際したいと伝えました。」

ナ 「そうですね、今回のＡさんの行動は○です。今回２人はちゃんとお互いに好き、と気持ちを確認して交際することになりました。自分の気持ちを伝えても、相手が同じ気持ちでなければ、交際にはなりません。告白されても、相手に対して"恋するキモチ"がなければ、交際をお断りすることも大切です。相手が傷つかないように自分の気持ちを正直に伝えましょう。また、告白する時には、告白する場

所やタイミング（人前ではしない、職場では
しない、仕事中はしない、授業中はしないなど）
を考えましょう。また相手の都合（予定や時
間など）も確認しましょう。」

ポイント

- 告白の手段は、手紙、SNS、電話などがあるが、直接会って伝えるほうが望ましい
- 告白するときには告白する場所やタイミングを考える

3 デートに行ってみよう

お互いに本当に好きか確認しよう
場面：男性が女性に告白する

ナ …ナレーション　Ａ …男性　Ｂ …女性

ナ 「今からやるロールプレイはＡさんの行動に注目してください。Ａさんは、就職して３年目になります。仕事にもだいぶ慣れて、生活も落ち着いて過ごしています。そんなＡさんですが、好きな人ができたようです。その相手は、自宅からも近くて、たまにグループで遊んだり、SNSで連絡を取り合っています。」

Ａ 「あ〜Ｂちゃん、かわいいな〜。大好きだな〜。よし、今度会って告白しよう！（SNSでメッセージを送る）今度の休みの日に会ってください。」

Ｂ 「あ！　Ａくんからメッセージが来た。なんだろう？今度の休みの日に会ってください。(SNSでメッセージを送る）今度の休みの日は何もないから大丈夫！　会おう！　送信！」

Ａ 「あ！　Ｂちゃんから返信がきた！　会ってくれるんだ！　やった！」

ナ 「後日、休みの日。」

Ａ 「Ｂちゃん、ちょっと…伝えたいことがあるんだけど…。」

Ｂ 「え、なに？」

Ａ 「Ｂちゃんのことが好きなんだ！　付き合ってください！」

Ｂ 「私もＡくんのことが前から好きだったから、付き合おう。」

ナ 「はい、ありがとうございました。今のＡ

さんの行動は○でしょうか、×でしょうか？」

（○の人、×の人それぞれに理由を問う）

「そうですね、好きな人に好き、と言って告白することはおかしいことではありませんね。今、ロールプレイでありましたが、２人はちゃんとお互いが好きと確認して付き合っていました。自分が好きと伝えて、相手の返事がダメだったら付き合ったことにはなりません。自分が好きだから相手も自分のことを好きとは限りませんので、交際するためには、自分

の思いを伝えて、相手から付き合ってもいいという同意をもらう必要があります。

また、告白の場所（適切でない場所：職場などの人がたくさんいるところ）や相手の都合（適切でないタイミング：仕事中、早朝・深夜など）も確認しましょう。告白し続けるのも迷惑になるので気をつけましょう。」

> **ポイント**
>
> ● 告白して、お互いに好きという同意があるか確認する
> ● 告白する時のマナー（場所や相手の都合など）について考える

ケース 2 計画的に考えてお金は使おう
場面：2人で外食に行くが、たくさん頼みすぎてしまい、女性が男性に払わせる

ナ …ナレーション　　A …男性　　B …女性　　店 …店員（ナレーションでも可）

ナ 「今からやるロールプレイはAさん、Bさんの行動に注目してください。AさんとBさんはデート中でお店で食事を注文するところです。」

B 「お腹減ったね。なに食べようかな。」

A 「いっぱいメニューがあるね。これにしよう！あれもいいね！」（たくさん頼む）

B 「私はこれとこれとこれにしよう！」（たくさん頼む）

ナ 「時間も経ち、会計の場面に。」

店 「お会計合計で1万円です。」

A 「やばい食べ過ぎた…今月お金やばいな…。」

B 「どうしよう…。私、財布に千円しか入ってないからAくん払ってよ。デートのお金は男性が払うって聞いたよ。」

ナ 「はい、ありがとうございました。今の2

人の行動、まず料理を注文する場面では○でしょうか、×でしょうか？」

（○の人、×の人それぞれに理由を問う）

「お金を払う場面では○でしょうか、×でしょうか？」

（○の人、×の人それぞれに理由を問う）

「今のロールプレイでは、最後の会計の時にAさんとBさんは、食事を頼みすぎて、とても困っていました。デートの時は、食事を一緒に食べたり、どこか遊びに行ったり、交通機関を使ったりして、お金がかかります。楽し

いからといってお金を使いすぎると後で困ってしまいます。生活していく中で、デート以外にもたくさんお金がかかります（具体例：家賃、食費、交通費など）。そのためお金はデートの予算を決めて、計画的に使っていきましょう。

また、デートのときは、必ず男性が払わないといけないことはありません。お金の使い方や食事の量などをしっかり考えることで好きな人と素敵なデートができると思います。」

ポイント

● お金は、デートだけでなく、生活でも必要になるため、計画的に考えて使う
● 注文する食事の量なども考える

ケース3 デートの時間は計画的に考えよう
場面：2人で、深夜までデートする

ナ …ナレーション　A …男性　B …女性

ナ「今からやるロールプレイはAさん、Bさんの行動に注目してください。ある休日の様子です。AさんとBさんはデートをしています。」

A「今日はどこに行こうか？」

B「ショッピングモールに行って、お買い物して、映画を見て、ご飯もどっかで食べよう。」

ナ「2人とも楽しくデートをしています。楽しい時間はあっという間に過ぎていきます。時間は夜の9時になりました。」

A「よし、次はどこに行こうか？もっと一緒にい

たいから、ゲームセンターに行こうよ。」

B「そうだね！　行こう、行こう！」

ナ「夜10時過ぎてゲームセンターを出ても2人

は帰らずに公園でおしゃべりをして、結局家に着いたのは深夜12時過ぎでした。2人とも明日は、朝から仕事です。」

「はい、ありがとうございました。今の2人の行動は○でしょうか、×でしょうか?」
(○の人、×の人それぞれに理由を問う)
「今のロールプレイでは、デートの時間が長くて、夜遅くに家に帰りましたよね。いくらデートが楽しくても、時間が遅くなるとどんな影響がありますか?」
(参加者に問う)

➡・翌日寝坊して遅刻する
　・仕事中眠くてウトウトする
　・集中力が切れてミスをする
　・帰りが遅いことをまわりの人が心配する
など、たくさんの影響があります。
できれば、デートは前もって計画を立て、どこに行くのか、時間も何時までにするのか、など決めた方がいいですね。帰りが遅くなると、仕事や体調に影響が出たり、職場や家族に対して迷惑や心配をかけます。また、一緒にいたい、遊びたいという気持ちも大切ですが、やるべきこととのバランスも大切です。」

> **ポイント**
>
> ● 帰りが遅くなると、仕事や体調に影響が出たり、自分や相手の家族にも心配させ、迷惑をかけることになる
> ● 社会人になったら、したいことを優先させるのではなく、やるべきこととのバランスを考えることが必要

ケース 4　相手の気持ちも考えよう
場面：男性がデートの約束を断られるが、相手の都合を考えず、しつこく誘う

ナ …ナレーション　Ａ …男性　Ｂ …女性

ナ 「今からやるロールプレイではＡさんの行動に注目してください。ある日のことです。」

Ａ 「今度の休みの日にＢちゃんと会いたいからデートに誘おう。電話しよ。(電話をかける)もしもし、Ｂちゃん?」

Ｂ 「もしもし、Ａくん、どうしたの?」

Ａ 「今度の日曜日、休みだよね?」

Ｂ「うん。」

Ａ「日曜日会えない？　また一緒に遊びに行こうよ。」

Ｂ「ごめん、その日は用事があるから遊びには行けない。ごめんね。」

Ａ「えー、そんなの嫌だよ。用事って何？」

Ｂ「その日は、他の友達と遊ぶ約束してるから…。」

Ａ「いいじゃん別に。遊ぼうよ。」

Ｂ「ごめん、その日は無理だよ。」

Ａ「友達との約束を断ればいいじゃん。」

Ｂ「そんな事言われたって、友達と遊ぶのも大事だし、断れないよ。私の気持ちも考えてよ。」

Ａ「えーやだ。Ｂちゃんに会いたいよ〜。」

Ｂ「ごめん。あんまり言うと、Ａくんのこと嫌いになっちゃうよ。だから、次の休みに遊びに行こう。」

Ａ「わかった…。ごめん、僕も言い過ぎた。また今度ね。バイバイ。」

Ｂ「うん、またね。」

ナ「はい、ありがとうございました。先に予定があるＢさんを何回も誘うＡさんの行動は○でしょうか、×でしょうか？」

（○の人、×の人それぞれに理由を問う）

「今、Ａさんは、Ｂさんが予定が入っていて断っているにも関わらず、相手の気持ちや都合を考えずにしつこく何度もデートに誘っていました。いくら交際していても、相手の都合も考えることが大切です。その後Ａさんは諦めて謝っていましたね。好きな人と長く付き合うためには、相手の気持ちを考えることが大切です。」

ポイント

●交際しているからといって、自分の気持ちを押しつけるのではなく、相手にも都合があることを考える

ケース5　まわりの気持ちも考えよう
場面：人がたくさんいる駅でイチャイチャしたりキスをする

ナ…ナレーション　Ａ…男性　Ｂ…女性　Ｃ…男性　Ｄ…女性　補…パネル

ナ「今からやるロールプレイでは、Ａさん、Ｂさんの行動に注目してください。ＡさんとＢさんは、デートをしています。人がたくさんいる駅にいます。」

Ａ「ねー今日は楽しかったね。」
（手をつなぐ）

Ｂ「うん、楽しかったね。」
（もっと近づく）

Ａ 「ねー。キスしよう。」

Ｂ 「うん。」

補 ※キスしている絵（口と口のふれあいパネル）を出す

Ｃ 「うわー、人がいっぱいいるのにこんなところでキスしてるよ。」

Ｄ 「人前でキスしてる。よく見るとあれ、ＡくんとＢちゃんじゃない？こんなところでキスして恥ずかしくないのかな。私は見たくないな。」

ナ 「はい、ありがとうございました。今のＡさん、Ｂさんの行動は○でしょうか、×でしょうか？」
（○の人、×の人それぞれに理由を問う）
「今、Ａさん、Ｂさんは、人がたくさんいる所で、キスをしていました。他の人が言っていたように、人前でキスをすると、『こんな所でなにをやっているんだろう』『見ているこっちが恥ずかしい』などと、まわりの人には思わ

れます。キスをしている本人たちが何とも思わなくても、まわりから見られている、ということを忘れてはいけません。ドラマなどで、人前でキスをするシーンがありますが、あれは、ドラマの中だけの話です。みんなの場所でそういうことをしたとき、まわりの人がどう思うのか、考えてみてください。もし、交際相手ができて、キスをすることがあったら、次のマナーを守りましょう。
1. 人がいないところ
2. 交際している相手とお互いに同意がある
3. 仕事以外の時間、場所でする

ポイント

● 自分たちだけでなく、他の人もいるところ（みんなの場所）であることを意識する
● 人前でキスをすると、まわりから「おかしい」「はずかしい」と思われたり、見たくないと思っている人もいることに気づく
● キスだけでなく、抱き合ったり、イチャイチャしているのをまわりの人が見たらどう思うかを考えてから行動する

4 デートDV

> **からだへの暴力**
> 場面：物を投げる

ナ 「AさんとBさんは付き合って3か月のカップルです。今日、AさんはBさんの家に遊びに行きます。」

A （家のチャイムを鳴らす、ピンポーン）

B 「いらっしゃーい。Aくんこんにちは待ってたよ。」

A 「おじゃましまーす。」

B 「今日2人で食べようと思ってAくんのためにケーキ作ったの。」

ナ 「実はBさん、このケーキの材料の砂糖と塩を間違えています。しかしそのことにBさんは気づいていません。」

A 「えー、やったー。嬉しいな。」

B 「食べて食べてー」

A （ひとくち食べてから）「え、なにこれ。」

B 「え？おいしくない？」

A 「甘くないし、しょっぱいけど何入れたの。」

B 「え、ごめん。何か間違えたかな。」

A （皿を机のうえに激しく置きフォークを投げる）「全然おいしくないじゃないか。」

B 「きゃー、やめてーAくん。味見してなかったから、もしかしたら塩と砂糖を間違えたのかもしれない。ごめんなさい。」

A 「なんてもの食べさせるんだよ！もう帰る！」

ナ 「はい、ありがとうございました。Bさんがどう思ったかインタビューしたいと思います。」

B 「せっかく作ったのにおいしくないと言われて悲しかった。塩と砂糖を間違えて悪かったけど、喜んでもらいたかっただけなのに。皿をガチャンと置かれたし、物を投げられて怖かっ

た。Aくんがこんなに怒りっぽいとは思わなかった。次のデートが怖いな。」

ナ 「Aさんの行動にBさんは怖いと思っていました。このように相手に物を投げる、怖いと思

わせる行為は『からだへの暴力』になります。他には殴る、蹴る、つねる、たたく、髪の毛をひっぱるなども含まれます。」

ケース 2 **心への暴力**
場面：彼氏にデート中「くさい」「ださい」と言う

ナ …ナレーション　A …男性　B …女性

ナ 「AさんとBさんは付き合って半年のカップルです。今日はデートなので、駅で待ち合わせをしています。Bさんが先に駅について2分ほどAさんを待っています。」

A 「ちょっと遅れたごめんね。待った？」

B 「えー遅れてくるなんてありえないんだけど。しかも、その服、超ださいんだけど。寝グセもついてるし、一緒に歩きたくない。」

A 「あー慌てて出てきたからごめんごめん」

ナ 「電車に乗って映画館へ向かっています。」

B 「なにそんなに汗かいてるの？気持ち悪いし匂うんだけど。ちゃんと毎日お風呂入ってる？」

A 「待ち合わせに遅れそうになって走ってきたからかな。お風呂は毎日入ってるよ。」

ナ 「映画館に着き、Bさんの観たいホラー映画を観ました。」

B 「あー面白かった。Aくんどうだった？」

A 「怖くて観られなかった。よく観られるよね。」

B 「男なのにびびってるの？これぐらいの映画が観られないなんて男らしくないよ。朝から遅刻するし、服はださいし、くさいし最低。」

ナ 「はい、ありがとうございました。今のBさ

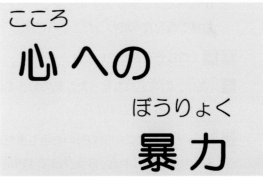

んの発言でAさんはどのような気持ちになったかインタビューしたいと思います。」

A 「たった2分遅れてきただけなのに、あそこまで言われないといけないのかな。服がださいと言われて傷ついたし、くさいって一番言われたくないことを言われた。男でもホラー映画が苦手な人もいるのに男らしさと映画は関係ないと思う。すごく心が傷ついた。」

ナ 「恋人同士でも相手が言われたくないこと、相手が傷つくことを言うのは心への暴力になります。他には、ケータイ、スマホを勝手に見る、他の人との連絡のやり取りを制限する、連絡先を消させるなども含まれます。」

> ケース
> 3　お金の暴力
> 場面：デート代をいつも支払わせる

ナ …ナレーション　　A …男性　　B …女性

ナ 「BさんとAさんは付き合って1年です。仕事が休みでショッピングモールでデートをしてお昼ご飯を食べ終わったところです。」

A B 「ごちそうさまでした。」

B 「あっ、財布忘れちゃった。私の分、お金出しといて。あとで返すから！」

A 「えっ？また？この前の分のお金もまだ返してもらってないじゃん。もう今日で4回目だよ。」

B 「えっ？そうだっけ？ごめん、ごめん、今度まとめて返すよ。だから今日も出しておいて！」

A 「う〜ん、わかったよ、ちゃんと返してね。」

ナ 「Bさんは結局、Aさんにお金を返すことはありませんでした。」

「はい、ありがとうございました。今のBさんの行動にAさんがどう思ったのかインタビューしたいと思います。」

A 「いつも僕ばかりお金を出して、毎回お金を返すって言われるけど、返ってきたことはないし。僕だってお金に余裕があるわけじゃない

のに、あんまりデートに行きたくないな。」

ナ 「このように借りたお金を返さないことはお金の暴力です。この他にいつもお金を払わせる、お金を借り続けるなどがあります。」

性的暴力

場面：女性が嫌がっているのに、無理やりキスをしようとする

ナ …ナレーション　Ａ …男性　Ｂ …女性

ナ 「ＡさんとＢさんは付き合って２年です。Ａさんとんは高台の夜景がきれいなレストランで食事をして歩いて帰っています。」

Ａ 「今日の食事おいしかったね。」

Ｂ 「とても素敵なレストランだったね。」

Ａ 「誰もいないから手をつなごうよ。」

Ｂ 「いいよ。」

Ａ 「キスしようよ。」

Ｂ 「嫌だよ、誰かが来るかもしれないし。」

Ａ 「大丈夫、誰もいないじゃん。」
（無理やりキスしようとする）

Ｂ 「やめてよ、嫌って言ったじゃん。」

ナ 「はい、ありがとうございました。今のＡさんの行動に対して、Ｂさんがどう思ったかをインタビューしたいと思います。」

Ｂ 「嫌だって言ってるのに、無理やりキスされそうになって怖かった。男の人の方が力が強いし。また強引にされそうになったらどうしよう、って不安です。」

ナ 「このように無理やりキスをするのは性的暴力です。その他には避妊に協力しない、無理やり身体を触ったりセックスをしようとする、裸の写真を撮るなどが含まれます。」

ケース①〜④のポイント

● 自分が思っていなくても相手が嫌がったり怖いと感じたらデートＤＶであることを確認する
● 交際をしている人からデートＤＶを受けたら友人ではなく信頼できる人に相談する
● 相談された人は被害を受けている人を受容し、行動を否定的に受け止めない（使わない方がよい言葉：愛されてるからだよ、あなたも悪いところがあるんじゃない、いつもは優しいんでしょなど）

第4章 大人が知っておきたいこと

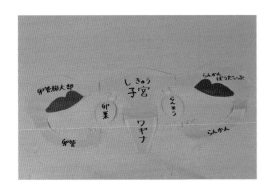

全体のねらい

- 初対面から結婚、妊娠に至るまでの相手との関わり方、妊娠の仕組み、性感染症とその予防方法について正しい知識を理解する
- 自身とパートナーの健康を守り、豊かな生活を送ることができる

学習の進め方

はじめの会
1. 赤ちゃんができるまで（ペープサート）
2. 今、妊娠しないために
3. 性感染症の予防（ロールプレイ）
4. 幸せな結婚のために
おわりの会

教材

教材	作り方（素材、大きさ）

大人が知っておきたいこと

プログラム

はじめの会

1. 赤ちゃんができるまで
2. 今、妊娠しないために
3. 性感染症の予防
4. 幸せな結婚のために

おわりの会

【大きさ】
模造紙
（縦約110cm ×横約80cm）

【素材】
模造紙

【留意点】
・プログラム進行の妨げにならないよう掲示し、全体の流れが視覚的にわかるようにしておく

1 赤ちゃんができるまで

● 「子宮モデル」パネル

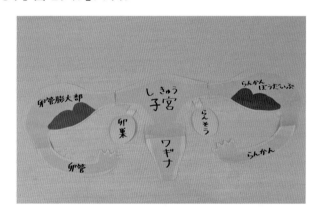

【大きさ】
縦約90cm ×横約120cm

【素材】
色画用紙、マグネットシート

● 「子宮実物大」模型

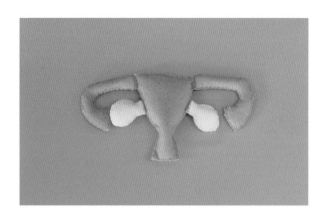

【大きさ】
子宮
縦約8cm ×横約5cm

卵巣
直径2 ～ 3cm

【素材】
布、綿、針金

1 赤ちゃんができるまで

教材

● 「赤ちゃんができるまで」パネル

はいらん **排卵**	げっけい **月経**
しゃせい **射精**	じゅせい **受精**
ちゃくしょう **着 床**	にんしん **妊娠**

● 「ペニスモデル」パネル

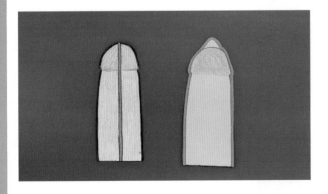

作り方（素材、大きさ）

【大きさ】
B4
（縦約26cm×横約36cm）
または
A3
（縦約30cm×横約42cm）
※参加者の見やすい大きさ

【素材】
色画用紙、マグネットシート

【大きさ】
縦約60cm×横約20cm
子宮モデルのワギナの大き
さに合わせる

【素材】
画用紙、マグネットシート

【留意点】
・避妊具無（左）と避妊
　具有（右）のものを作成

91

教材	作り方（素材、大きさ）

●「卵子」「精子」ペープサート

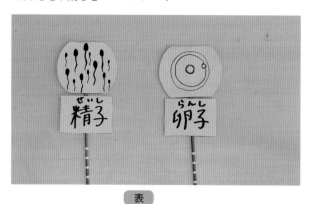

表

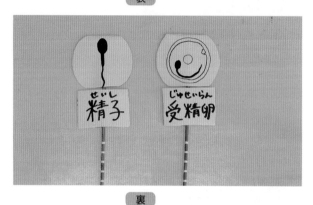

裏

【大きさ】
イラスト部分
直径 15 〜 20cm
全長約 40cm

【素材】
画用紙、棒（約 30cm）

【留意点】
・「精子」ペープサートの
　表に複数の精子、裏に
　単数の精子を描く
・「卵子」ペープサートの
　表に卵子、裏に受精卵
　を描く

●「生理のしくみ」パネル

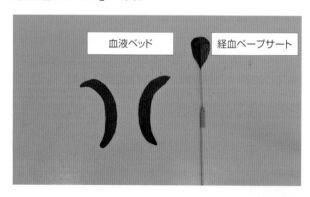

血液ベッド　　経血ペープサート

【大きさ】
子宮モデルの子宮の大き
さ、形に合わせる

【素材】
色画用紙、棒（約 30cm）、
マグネットシート

●「赤ちゃんの大きさ」パネル

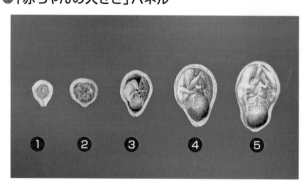

① ② ③ ④ ⑤

【大きさ】
❶約 5cm（3 カ月頃）
❷約 10cm（4 カ月頃）
❸約 15cm（5 カ月頃）
❹約 25cm（8 カ月頃）
❺約 35cm（10 カ月頃）

【素材】
画用紙、マグネットシート

2 今、妊娠しないために

教材	作り方（素材、大きさ）

● 「避妊方法」パネル

ひ に ん
避妊

No セックス

コンドーム　　ピル

【大きさ】
B4
（縦約 26cm ×横約 36cm）
または
A3
（縦約 30cm ×横約 42cm）
※参加者の見やすい大きさ
【素材】
色画用紙、マグネットシート

● 「ピルの使用方法」パネル

ピル

きまりを
の
まもって飲む

さんふじんか
産婦人科に
そうだん
相談する

【大きさ】
B4
（縦約 26cm ×横約 36cm）
または
A3
（縦約 30cm ×横約 42cm）
※参加者の見やすい大きさ
【素材】
色画用紙、マグネットシート

教材	作り方（素材、大きさ）

●「コンドームの着け方」パネル

①
コンドームを片側に寄せ、傷つけないように袋から出します。

②
表裏を確認します。

クルクルと巻いてある端の部分が"外巻き"になっていればOK！！

③
勃起したペニスの皮をしっかり下げます。

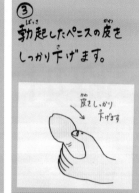

皮をしっかり下げます

④
「精液だまり」に空気が入らないよう、つまみながらペニスにかぶせます。

精液だまり

⑤
コンドームと皮ふの間に空気が入らないように、密着させながらペニスにかぶせていきます。

丸まっている部分を、クルクルとおろしていく。

⑥
皮を亀頭方向に寄せながら、しっかり根元までコンドームをおろしていきます。

根元まで、しっかりおろして完成

⑦
射精後は、すぐに根元部分をおさえながら、パートナーから離れます。

※精液がもれないよう、しばって捨てましょう。

掲示例

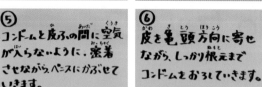

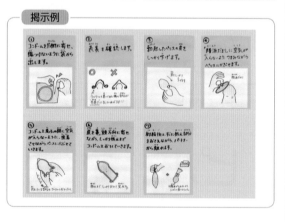

【大きさ】
B4
（縦約36cm×横約26cm）
または
A3
（縦約42cm×横約30cm）
※参加者の見やすい大きさ

【素材】
色画用紙、画用紙、マグネットシート

【留意点】
・手順の流れがわかりやすいよう、左から右（上から下）へ掲示することが望ましい

●コンドームの着け方のデモンストレーション道具

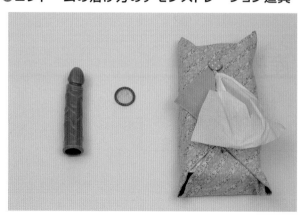

・ティッシュ
・コンドーム
・ペニスモデル

【大きさ】
成人男性のペニスサイズ

【素材】
紙粘土、木など

【留意点】
参加者全員分、もしくはグループ分の数を準備する

教材	作り方（素材、大きさ）

3 性感染症の予防

● 「性感染症」パネル

【大きさ】
B4
（縦約26cm×横約36cm）
または
A3
（縦約30cm×横約42cm）
※参加者の見やすい大きさ
【素材】
色画用紙、マグネットシート

● 「性感染症ひとモデル」パネル

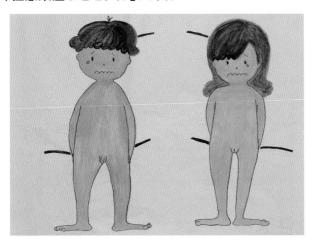

【大きさ】
模造紙
（縦約80cm×横約110cm）
【素材】
模造紙、マグネットシート
【留意点】
下着は着脱できるように色
画用紙等で作成する

● 「性感染症の症状」パネル

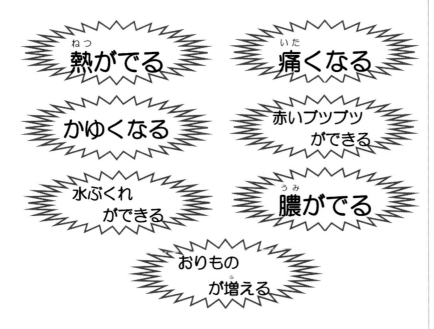

熱がでる　痛くなる　かゆくなる　赤いブツブツができる　水ぶくれができる　膿がでる　おりものが増える

【大きさ】
A3を横長に半分
（縦約15cm×横約42cm）
※参加者の見やすい大きさ
【素材】
画用紙、マグネットシート

3 性感染症の予防

掲示例

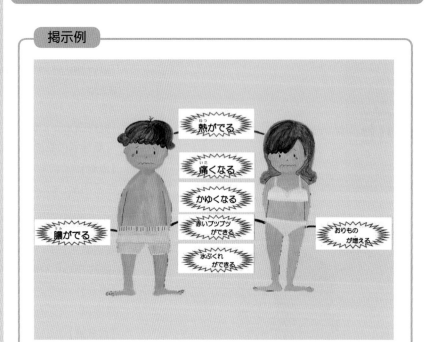

● 「受診先」パネル

男性は…
ひにょうきか
泌尿器科

女性は…
さんふじんか
産婦人科

【大きさ】
B4
（縦約26cm ×横約36cm）
または
A3
（縦約30cm ×横約42cm）
※参加者の見やすい大きさ
【素材】
色画用紙、マグネットシート

● 「性感染症の予防方法」パネル

No セックス

コンドーム

セックスは
き
決まった相手
あいて
とだけ

【大きさ】
B4
（縦約26cm ×横約36cm）
または
A3
（縦約30cm ×横約42cm）
※参加者の見やすい大きさ
【素材】
色画用紙、マグネットシート

4

幸せな結婚のために

教材

作り方（素材、大きさ）

●「結婚の条件」パネル

結婚の条件

子(こ)どもが
育(そだ)てられる

仕事(しごと)をして
収入(しゅうにゅう)がある

自立(じりつ)している

お互(たが)いに
結婚(けっこん)したいと
思(おも)っている

家族(かぞく)や
まわりの人(ひと)も
賛成(さんせい)している

【大きさ】
B4
（縦約26cm×横約36cm）
または
A3
（縦約30cm×横約42cm）
※参加者の見やすい大きさ
【素材】
色画用紙、マグネットシート

プログラム

1 赤ちゃんができるまで（ペープサート）

ねらい ● 妊娠の仕組みについて理解できる

展開	内容	留意点
20分 スタッフ 進行：1名 パネル：2名 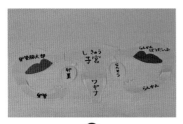 Ⓐ 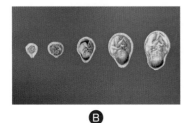 Ⓑ	1　「子宮モデル」パネルを貼る（Ⓐ） 2　参加者に赤ちゃんはどうやってできるか問う 3　性器と性器のふれあい（セックス）によって妊娠するということを説明する 　　セックスとは女性器に男性器を挿入することであり、セックスをすると女性が妊娠することもあると説明する 4　妊娠の仕組みについて、シナリオ（P103〜104参照）に沿って「子宮モデル」と「卵子」「精子」のペープサートで説明する 5　子宮の中での胎児の成長を「胎児モデル」パネルで説明する（Ⓑ）	▶3　第2章「2.ふれあいってなんだろう」の「性器と性器のふれあい」パネルを見せながら説明する

2　今、妊娠しないために

ねらい
● 妊娠・出産によって変わる生活についてイメージできる
● 避妊の仕組みについて理解できる
● 避妊の具体的方法について理解できる

展開	内容	留意点
30分〜40分 スタッフ 進行：1名 パネル・板書：1名	1　妊娠して赤ちゃんが生まれるというのはとても素晴らしいことを伝える 2　出産後の生活イメージ、赤ちゃんについてどんなイメージがあるか参加者に問う ➡嬉しいこと：子どもが欲しい、かわいいなど ➡困ること：出産・育児費用、育児の大変さなど 3　今は妊娠しないほうがいいという場合には「避妊」という手段があることを説明する	▶2　嬉しいことと困ることについて、出た意見を整理して板書する
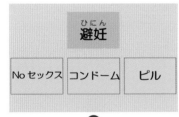 Ⓐ	4　避妊の方法についてパネルで説明する（Ⓐ） 　1）No セックス 　2）コンドーム 　3）ピル コンドームによる避妊方法について、「1. 赤ちゃんができるまで」のペープサートで説明する（シナリオ P103~104）	▶4　対象者にとって実践可能な代表的方法としてコンドームとピルを取り上げるが、避妊方法は対象者に合わせて、個別に対応
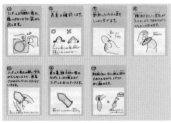 Ⓑ (P94掲示例参照)	5　男性、女性のそれぞれの少人数（4〜6名）グループに分かれる コンドームの効果と正しい着用方法をパネルで説明し、模型を用いて装着のデモンストレーションをする（Ⓑ） その後、参加者も模型でコンドームの装着の練習をする また購入方法や金額を説明する	

展開	内容	留意点

C

6　ピルは産婦人科で処方してもらうことや金額について、毎日決まった時間に飲む必要があることを説明する（**C**）
また、性感染症には効果がないことを注意点として補足する

▶6　ピルの効果（避妊方法・月経困難症の緩和・月経周期のコントロールなど）を確認する

7　アフターピルについては、避妊に失敗してしまったときや、無理やりセックスされたときなど緊急避難的に用いる方法であることや、産婦人科に連絡してセックス後72時間以内に処方してもらうことを説明する

▶7　アフターピルは避妊方法ではないが、予期しない妊娠を防ぐ方法として知っておく必要がある

8　必要に応じて、ロールプレイでまとめる

ロールプレイのシナリオ参照（P105 ～ 107）
ケース①　相手に避妊を任せる
ケース②　避妊に協力しない
ケース③　ピルで性感染症は防げない

3 性感染症の予防（ロールプレイ）

ねらい
- 性感染症について理解できる
- 予防法と感染時の対処行動について理解できる

展開	内容	留意点

展開

15〜20分
スタッフ
ナレーション：1名
ロールプレイ：3名
パネル：1名

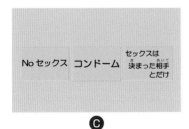

内容

1 参加者に性感染症について聞いたことがあるか問う

2 ロールプレイを見て、性感染症の症状や、感染経路、対処について知る

> ロールプレイのシナリオ参照（P108 〜 110）
> コンドームを使用せず、性感染症に感染する

3 「性感染症モデル」パネルを貼り、参加者に性感染症の症状にはどのようなものがあるか問う
症状についてパネルで説明する（Ⓐ）

Ⓐ（P96掲示例参照）

4 性感染症の疑いがある場合に受診する病院についてパネルで説明する（Ⓑ）
男性：泌尿器科、女性：産婦人科

男性は…
泌尿器科
女性は…
産婦人科
Ⓑ

5 予防方法についてパネルで説明する（Ⓒ）
　1）No セックス
　2）コンドーム
　3）セックスは決まった相手とだけ

No セックス｜コンドーム｜セックスは決まった相手とだけ
Ⓒ

留意点

▶1 「クラミジア」「梅毒」「HIV・エイズ」など

▶3 病気の種類や人によって、症状の出方は様々であることを説明する

▶4 どちらかしか症状がなくても、2人とも受診することを補足する

4 幸せな結婚のために

ねらい ● 結婚生活についてイメージできる

展開	内容	留意点

展開

20分
スタッフ
進行：1名
パネル・板書：1名

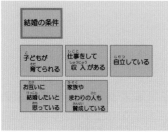
Ⓐ

内容

1　結婚についてのイメージを参加者に問う

2　結婚の条件はどのようなものか参加者に問う
お互いに好きだからといって、すぐに結婚ができるわけではないこと、結婚式で終わりではなく、一緒に住んで生活をしていくことの説明をする

3　結婚の条件についてパネルで説明する（Ⓐ）

1）子どもが育てられる

2）仕事をして収入がある

3）自立している（家事、金銭管理など）

4）お互いに結婚したいと思っている

5）家族やまわりの人も賛成している

留意点

▶1　参加者から出た意見を板書し、出ない時は進行以外のスタッフが発言する

▶2　結婚に対して、憧れのイメージだけが強く、生活感が伴わない場合は、具体的にイメージを持てるように、スタッフに意見を求める

シナリオ

1 赤ちゃんができるまで

女性のからだの中には、子宮というものがあります。（実物大の子宮の模型を出す）（Ⓐ）大体このくらいの大きさで、このような形をしています。

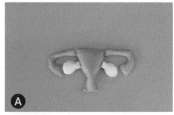

子宮模型

ただ、赤ちゃんができる仕組みを説明するにはわかりづらいので今日は大きくした子宮のパネルを使って説明をしていきます。（Ⓑ）

子宮モデル

女性のからだの中では、卵巣という場所で卵子が作られ1カ月に1回、卵管を通って子宮に向かいます。（卵子ペープサートを、卵巣から卵管に動かす）これを「排卵」といいます。（「排卵」パネルを貼る）（Ⓒ）みんなで言ってみましょう。

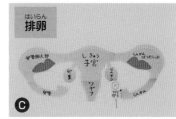

排卵

この後、卵子は卵管のちょっと広くなった卵管膨大部で精子がくるのを待ちます。（卵子ペープサートを卵管から卵管膨大部に動かす）（Ⓓ）

卵管膨大部に卵子が移動

子宮の中では赤ちゃんをいつでも育てられるようにふかふかの血液のベッドを準備しています。（子宮に血液のベッドを貼る）（Ⓔ）

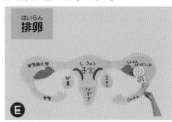

子宮に血液のベッドができる

卵子と精子が卵管膨大部で出会わなければ、その血液のベッドがはがれて体の外に出ていきます。（血液のベッドと経血ペープサート、卵子ペープサートをワギナから外へ動かす）これを「月経」といいます。（「月経」パネルを貼る）（Ⓕ）みんなで言ってみましょう。
月経は「生理」とも言います。

月経

（避妊具無のペニスモデルをワギナに合わせて貼る）セックスをする時できるだけ女性の子宮の奥に精子を届けるために男性のペニスが勃起し、精子が出ます。（ペニスモデルから精子ペープサートの表を子宮に動かす）このことを「射精」と言います。（「射精」パネルを貼る）（**G**）みんなで言ってみましょう。

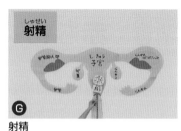

射精

この精子の数はとても多くて1億5千万個あると言われています。その中の1つだけが女性の卵管膨大部で卵子と出会うことができます。（精子ペープサートを裏にし、子宮から卵管膨大部へ動かす）これを「受精」と言います。（「受精」パネルを貼る）（**H**）みんなで言ってみましょう。

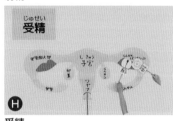

受精

この受精した卵子のことを「受精卵」と言います。（卵子ペープサートを裏にし、受精卵にする）（**I**）みんなで言ってみましょう。

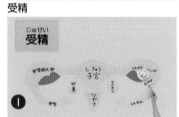

受精卵

（血液ベッドを子宮に貼る）受精卵は子宮に移動して血液のベッドにおちつきます。（受精卵ペープサートを子宮の血液ベッドに動かす）これを「着床」と言います。（「着床」パネルを貼る）（**J**）みんなで言ってみましょう。

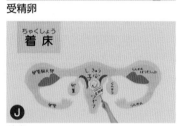

着床

これで「妊娠」をしたということです。（「妊娠」パネルを貼る）（**K**）みんなで言ってみましょう。

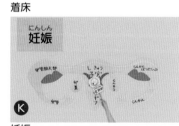

妊娠

この後、9か月子宮の中で赤ちゃんが育っていきます。
（「赤ちゃんの大きさ」パネルを使って、赤ちゃんが大きくなる様子を見せる。（**L**））

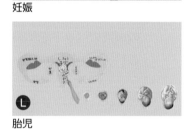

胎児

みなさん、妊娠の仕組みはわかりましたか？

2 今、妊娠しないために

避妊のしくみについて

（避妊具有のペニスモデルをワギナに合わせて貼る）
セックスをするときに、ペニスにコンドームをつけて、射精した精子が子宮に入らないようにすることを「避妊」と言います。（「避妊」パネルを貼る）（Ⓜ）みんなで言ってみましょう。

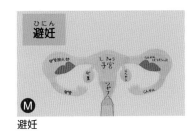

避妊

 ケース 1 **相手に避妊を任せる**
場面：女性からコンドームの着用を尋ねるが、男性が着用を拒否した

📄 …ナレーション　Ⓐ …男性　Ⓑ …女性

ナ 「AさんとBさんは交際して半年になります。旅行に行き、お互いにセックスをしてもいいと思っているようですが、まだ就職したばかりです。」

A 「温泉気持ちよかったね、そろそろ寝る時間だね。今日はコンドーム使わなくていい？」

B 「え？コンドーム使わないの？」

A 「なんで使わなきゃいけないの？使わない方が気持ちいいからつけたくない。」

ナ 「この後のBさんの次のどのセリフが○か考えましょう。」

（1）「Aくんがそう言うなら使わなくていいよ。」

（2）「え、でも病気とか妊娠したら怖いからいやだ。使って欲しい。」

（3）「そうね、使わないほうが気持ちいいよね。それに雰囲気もこわれるしね。」

（参加者に意見を問う）

ナ 「正解は（2）です。セックスをすると妊娠する可能性があります。自立していないなら、子どもを育てることは難しいので避妊をしなければなりません。そして性感染症になる可能性もあります。だから相手がコンドームを使いたくないと言っても、避妊と性感染症予防のためにコンドームを使いましょう。」

ポイント

● 妊娠したくなければ、避妊は確実に実行する
● 相手の意思に流されるのではなく、２人でよく話し合う必要がある

ケース 2 避妊に協力しない

場面：コンドームを着用せずにセックスしようとする

ナ…ナレーション　A…男性　B…女性

ナ 「AさんとBさんは付き合って半年です。今からセックスをするところのようです。」

A 「今日、コンドーム忘れたから1回くらい使わなくてもいいよね？」

ナ 「この後のBさんの次のどのセリフが○かを考えましょう。」

（1）「もう、Aくんっておっちょこちょいなんだから。1回くらい使わなくても妊娠しないよね。次はちゃんと持って来てね。」

（2）「その1回で妊娠したらどうするの？今日はセックスしないでおこう！」

（3）「射精しそうになったら、外に出してね。」

ナ 「正解は（2）です。1回でも避妊しなければ妊娠することはあります。射精する前に女性から離れ、膣外に射精すれば妊娠しないというわけではありません。また男性だけがコンドームを持つのではなく、女性がコンドームを準備しても良く、避妊は毎回、確実にすることが大切です。」

ポイント

● 避妊は毎回、確実にすることが大切
● 男性だけではなく、女性もコンドームを準備しても良い

ケース 3 ピルで性感染症は防げない

場面：女性がピルを飲み始めたので、コンドームは必要ないと言う

ナ…ナレーション　A…男性　B…女性

ナ 「AさんとBさんが避妊の話をしています。」

B 「最近ピル飲み始めたんだ。」

A 「え、それなら妊娠しないし、コンドーム使わなくていいよね？」

ナ 「この後のBさんの次のどのセリフが○かを

考えましょう。」

（1）「ピル飲んでても、性感染症は防ぐことはできないし、これからもいい関係でいたいからコンドームをつけよう。」

（2）「そうねピルは妊娠しないって言うし、いいんじゃないかな？大丈夫でしょ！」

106

（3）「ん〜、本当はつけて欲しいけど、Aくん
　　　がつけたくないんだったら、しょうがない
　　　ね。つけなくていいよ。」

ナ 「正解は（1）です。ピルを飲むことで、妊

娠はしなくなりますが、性器同士が接触す
るため、性感染症の予防にはなりません。
性感染症を防ぐためにも、コンドームを着
用しましょう。」

ポイント

● コンドームや No セックスは避妊と性感染症予防になるが、ピルは性感染症予防には効果がない

3 性感染症の予防

ケース 1

コンドームを使用せず、性感染症に感染する
場面：コンドームを使用せずにセックスし、性感染症に感染する

ナ…ナレーション　A…男性　B…女性　医…医師

ナ 「AさんとBさんは交際して半年になります。ある日、2人は家でテレビを見ていました。」

B 「今日のドラマ面白かったね。キュンキュンしっぱなしだった。」

A 「そうだね。僕たちもあんな風にキュンキュンしたくなったね。」

B 「うん、そうだね。」

A 「じゃあさ、今からセックスしようよ。」

B 「いいけど…コンドームはある？」

A 「コンドーム今日は持ってないよ。1回くらいなら、コンドームつけなくても大丈夫だよ。」

B 「そうかな…。」

A 「大丈夫だって。」

ナ 「こうして2人は、コンドームを使わずにセックスしました。その2週間後。」

A 「この前セックスしてから、おしっこした時にペニスが痛いんだよな。たまにどろっとしたのが出てくる。もしかしたら病気かもしれないな。病院に行ってみよう。どこの病院に行けばいいんだろう。」

ナ 「Aさんはインターネットで調べて男性は泌尿器科に受診したらよいとわかり、さっそく受診しました。」

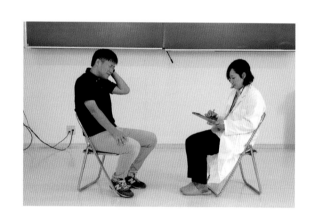

医 「どうされましたか。」

A 「最近、おしっこするときにペニスが痛くて、どろっとしたものが出てくるんです。何か病気じゃないかと思って…。」

医 「最近、セックスしましたか？」

A 「はい、2週間くらい前に彼女としました。」

医 「その時、コンドームは使いましたか？」

A 「いいえ、その時なかったので使ってません。」

医 「そうなんですね。では、検査をしてみましょう。」

ナ 「検査の結果が出たようです。」

医 「検査の結果、あなたは性感染症にかかっているということがわかりました。」

A 「性感染症ってなんですか？」

医「セックスでうつる病気です。症状は男性の場合、ペニスの周りにブツブツができたり、おしっこをする時に痛くなったり、かゆくなったりします。」

A「セックスで病気になることがあるなんて…、1回ぐらい大丈夫だと思ってました。」

医「セックスをした時にコンドームを使わなかったために病気になってしまったようです。」

A「それって治るんですか？」

医「薬できちんと治療をすればほとんど治ります。もしかしたら彼女も感染している可能性があるので、次の診察の時には一緒に来てください。」

A「わかりました。」

ナ「診察後、Bさんと話をしています。」

A「実は、話があるんだ。この前セックスをした時、コンドーム使わなかった事があったよね。その後、おしっこする時にペニスが痛くて、病気じゃないかと心配になって病院に行ってみたんだ。」

B「えっ…？どうだったの？」

A「性感染症というセックスでうつる病気と言われたんだよ。この前、コンドームを使わなかったから、Bちゃんも感染しているかもしれないと言われたんだ。」

B「え？！私病気なの？実は、前から私おりものが増えたり、性器が痒かったりしてたんだ。」

A「そうだったんだね。もしかしたら性感染症かもしれないから一緒に病院に行こう。」

ナ「2人で病院に行きました。」

医「こんにちは。2人で来てくれたんですね。

Bさんは何か気になる症状はありますか？」

B「実は、前からおりものが多かったり、性器が痒かったりしてました。」

医「Bさんも検査をしてみましょう。」

ナ「検査の結果が出ました。」

医「検査の結果、Bさんも性感染症でした。」

B「やっぱり…そうなんですね。」

医「性感染症によって症状は違いますが、女性はおりものの量が増えたり、性器が痒くなったりします。まずは、2人とも、きちんと病気を治すことが大切です。途中でやめたらひどくなったり、くりかえしたりすることもあるので、しっかりと治しましょう。これからはお互いの為にも、きちんとコンドームを使ってセックスをしましょう。」

ナ「ロールプレイの中で、2人は病院に行っていましたが、性感染症だと思ったらどこの病院、または何科に行ったらいいと思いますか？」

（参加者に問う）

ナ 「女性は産婦人科、男性は泌尿器科に行きます。保健所で検査をしてくれるところもあります。もし、性感染症かどうかわからないときは、言いにくいかもしれませんが、信頼できる人に相談しましょう。何か症状があるときは、2人とも受診する必要があります。」

ポイント

- 性感染症予防には、「No セックス」「コンドーム着用」「セックスは決まった相手とだけ」が大切である
- 何か症状があるときは2人とも受診する必要がある
- 治療を中断したら悪化したり、くりかえしたりすることがあるので、しっかりと治す

監修／著者

宮原春美（みやはら・はるみ）

長崎大学名誉教授。医学博士、教育学修士、助産師、思春期保健相談士。

長崎大学病院助産師、長崎大学医療技術短期学部、長崎大学医学部保健学科教員を経て、2019年3月長崎大学生命科学域保健学系教授を定年退職。この間、ピア・エデュケーションを応用した参加型性教育プラグラムを開発し、「からだ探検隊」として地域で20年間開講した。

現在は長崎大学　子どもの心の医療・教育センターに所属し、性に関する問題行動や困りごとを持った教員・保護者への訪問指導、特別な支援を必要とする子どもの性に関する研修会・講演会講師、職業実践力育成プログラム（履修証明プログラム）実施など、地域と連携した子どもの心の支援人材養成とネットワークの構築事業に参画している。

また長崎大学病院精神科児童思春期外来で性に関する問題行動のあった障がい児・者に対して、看護面接を行っている。

著者

社会福祉法人 南高愛隣会　からだ探検隊実行委員会

平成25年度より、宮原春美教授協力のもと、学習会を実施。長崎能力開発センターの若手スタッフを中心に、からだ探検隊実行メンバーを立ち上げ、平成26年度より実践を重ねてきた。これまでの実践を法人だけでなく、様々な支援機関でも取り組めるよう、実践プログラムを生成し、本書をまとめることとした。

メンバー／宮原望　岩永靖広　小佐々愛　下崎風花　伊藤道春　駒田加奈子　東彩夏　松尾諭
　　　　　松本夏希　宮本和真　渡邉文人

Let's!! からだ探検隊
〜障がい児・者のための性に関する対人関係教育プログラム〜

発行日	2020年3月31日

監　修	宮原春美
著　者	宮原春美／社会福祉法人 南高愛隣会　からだ探検隊実行委員会
発　行	社会福祉法人 南高愛隣会
	〒854-0001
	長崎県諫早市福田町357番地15
	TEL0957-24-3600　FAX0957-47-5033
発　売	エンパワメント研究所
	〒176-0011
	東京都練馬区豊玉上2-24-1　スペース96内
	TEL03-3991-9600　FAX03-3991-9634
	https://www.space96.com
	Email:qwk01077@nifty.com

編集協力	池田企画
印　刷	シナノ印刷

ISBN978-4-907576-55-4 C3036